글로벌 다문화 이해

Global Multicultural Understanding

신 군 재

三 英 社

머리말

20세기부터 부각된 세계화 시대는 21세기에 들어서면서 IT기술을 기반으로 한 4차 산업혁명으로 더욱 가속화되었다. 4차 산업혁명으로 초연결의 세계화는 코로나19를 겪으면서도 물리적 공간에서는 다소 위축되기도 하였으나, 가상공간을 통해 더욱 더 세계 곳곳을 연결하는 초연결 시대를 가속화시켰다. 또한 향후 미래를 한치 앞도 예측할 수 없는 VUCA시대를 초래하였다.

초연결 및 VUCA 시대에서는 사람이 세계의 중심이 되고 있다. 세계화와 사람중심의 시대는 사람들이 갖고 있는 가치관과 행동에 영향을 미치는 문화에 대한 관심을 확대시켰다. 문화는 다른 지역 사람들을 이해하는데 도움을 주며, 기업에는 해외진출의 성공과 실패 요인으로 작용하여 지역화의 중요성을 일깨워주었다.

세계화(Globalization)와 지역화(Llocalization)를 결합한 글로컬(Glocalization)은 21세기 세계화 시대를 이끌어가는 원동력이 되고 있다. BTS와 블랙핑크 팬을 비롯한 수많은 'K-Pop' 매니아들이 한국어를 배우기 시작하고 한국의 역사와 전통을 배우려는 현상과 맥도널드가 인도 지역에서는 소고기나 돼지고기를 뺀 햄버거를 개발하고, 한국에서는 불고기버거를 출시하는 등 '퓨전푸드'로 대변되는 음식문화도 '글로컬' 현상의 한 예이다.

동남아시아에서 시작한 한류 열풍은 한국의 국가 이미지뿐만 아니라 한국의 드라마, 음식, 음악 등 문화상품 외에 한국산 제품에 대한 이미지를 향상시켜 과거 우리가 부러워하였던 서구인조차 한국산 제품을 선호하게 만들었다. 따라서 21세기를 살아가는 개인이나 기업은 문화를 중심으로 한 글로컬 추세에 어떻게 대처해 나가느냐에 따라 미래가 크게 좌우될 수 있다는 점을 명심하여야 한다.

머리말

본 서는 대학생들을 대상으로 국내외에서 만나게 되는 우리와 다른 외국인을 이해하고 기업들이 해외에 진출하면서 겪게 되는 글로컬과 세계의 다양한 문화에 대한 이해를 높임과 동시에 우리 스스로가 우리 문화에 대한 자부심을 갖고 우리 문화의 세계화에 기여하는데 도움을 주고자 하였다. 본 서는 이러한 목적을 달성하기 위하여 다음과 같은 순서로 전개하였다.

먼저 제1장에서는 글로벌과 글로컬 및 4차 산업혁명을 통해 변화되고 있는 세상에 대한 이해와 미래 사회에 역량을 갖추기 위해 요구되는 인재상을 제시하였다.

제2장에서는 문화에 대한 개념, 다른 문화와 자신의 문화를 보는 관점 및 문화변동의 현상과 문제점을 고찰하면서 글로컬 시대 문화의 중요성을 제시하였다.

제3장에서는 한국에서의 문화 다양성 현상을 통해, 차이와 다름을 이해하고, 대중문화와 하위문화의 개념과 하위문화가 대중문화로 변화해가는 사례를 통해 문화의 다양성을 이해시키고자 하였다.

제4장에서는 세계의 다양한 문화를 호프스테드와 홀의 이론을 통해 분류하여 글로벌 시대 다른 문화의 사람들과 협업을 할 때 상대방을 이해하는데 도움을 주고자 하였다.

제5장에서는 동서양의 문화차이로 동서양의 문화가 형성된 배경 및 동서양이 세상을 바라보는 관점을 이해하도록 하였으며, 특히 한국문화의 장점을 통해 우리가 향후 우리들의 문화를 어떻게 발전시켜 나갈지에 대한 방향을 제시하고자 하였다.

제6장에서는 문화에 미치는 영향 요인들을 통해 요인별로 국가간 문화차이를 설명하고, 외국인과 만날 때 또는 해외에 나갔을 때 글로벌 소양을 다질 수 있도록 국가별 에티켓과 매너 차이를 설명하였다.

마지막 제7장에서는 지금까지 논의한 내용의 종합편으로 문화와 비즈니스간 어떤 관계가 있는지를 이해하기 위하여 한류와 한국제품의 수출과의 관계 및 기업들이 해외진출과정에서 발생한 성공사례와 실패사례를 소개함으로써 문화를 활용한 아이디어를 체득하게 함과 동시에 문화를 기업활동에 접목시킴으로써 문화에 대한 관점을 전환토록 하였다.

어려운 여건 속에서도 후학들을 위해 출판을 허락해주신 삼영사 고성익 사장님과 좋은 책이 나올 수 있도록 애써준 임진숙님을 비롯한 편집자 모든 분께 깊이 감사드리며, 더불어 나의 영원한 친구이자 동반자인 아내와 딸, 아들에게 사랑의 마음을 전하고자 한다.

2023년 3월

저자 씀

Contents

Contents

제 6 장 요인별 문화차이 및 에티켓

Contents

1

세계화와 글로컬의 이해

1. 세계화
2. 글로컬라이제이션

1 세계화와 글로컬의 이해

제1절 세계화

1 세계화의 의의

세계화[통상적으로 글로벌화(globalization)]에 대한 용어는 1983년 미국 하버드 비즈니스 스쿨의 데오도르 레빗 교수가 '시장경제의 세계화'란 글을 통해 처음 사용한 이후 학자마다 다르게 세계화를 정의하고 있어, 글로벌화가 무엇인가를 명확히 정의하기는 어렵다. 하지만 일반적으로 세계화는 사회·경제적으로 세계가 하나로 통합되어 사람들이 '하나의 세계'에서 살아가면서 개인, 집단, 국가들이 상호 의존성이 커지는 것을 의미한다.

세계화란 경제적 자본주의화로 국가 간 장벽이 없어져 개인뿐만 아니라 재화. 서비스. 자본. 및 아이디어 등의 자유로운 국제적 이동으로 각국 경제의 통합화를 말한다. 즉, 오늘날 세계는 통신 및 운송 기술의 혁신적 발전으로 국제통신이나 해외이동비용이 낮아져 가장 싸게 물건을 만들 수 있는 곳에서 생산하여 가장 비싸게 팔 수 있는 곳이나 고객의 니즈가 있는 곳에 판매하는 방식의 교역이 일반화되고, 국제간 학문, 문화교류 등이 활발하게 이루어지고 있는 하나의 경제권 시대에 접어들었다.

세계화는 개별국가들의 경제가 세계경제로 통합되어 가는 현상에서 사회·문화적 차원 및 정치적 차원으로 발전되었다. 기업들의 경영활동은 국가 단위를 초월하여 전 세계 고객을 대상으로 한 비즈니스로 확산되었고, 국가 및 정치적인 측면에서는 주권국가들의 기능 약화로 국가·국경·국적의 의미가 퇴색되었으며, 민간 기업, 민간 기구, 국제기구 등의 역할이 더욱 중요해졌다.

문화적 측면에서 세계화는 전 세계의 다양하고 이질적인 문화가 공존하며, 전 세계의 모든 문화가 그 다양성을 인정받고 서로 소통하면서 영향을 주고받고 있다. 4차산업혁명으로 인하여 세계화는 '통합' 이외에 '네트워크화' 혹은 '상호연결성의 확장'을 가져왔다

2 세계화의 요인

세계화의 요인으로는 전통적으로 규모의 경제, 기술진보, 수요의 동질화, 개방화, 탈규제화로 인한 무역장벽의 감소 등을 꼽을 수 있다. 이 중 교통, 운송수단의 발달 및 정보통신 기술의 진보는 물리적인 장벽을 완화하며 글로벌화에 크게 기여하는 요인으로 작용하였고, WTO 체제로 인한 무역장벽의 해제, FTA의 확산 등 세계적 흐름은 글로벌화를 가속화시켰다. 세계화를 촉진시킨 배경을 구체적으로 살펴보면 다음과 같다.

첫째, 신자유사상의 등장이다. 신자유주의는 모든 경제활동에 대한 국가간섭 철폐를 주장하였다. 이는 복지국가 추구에 따른 정부 실패를 극복하기 위해 복지 제도를 감축하고, 자유시장 경제를 활성화시키려는 경제사상이다.

둘째, 최첨단 정보 통신 기술 및 운송수단의 발달로 각국 간에 존재하던 경제적 의미의 국경을 허물고, '거리의 소멸(Death of Distance)'을 초래하여 세계를 하나의 촌락으로 만들었다. 또한 1990년 무렵 시

작된 정보통신기술(ICT) 혁명은 지식의 이동비용을 낮추기 시작했다. 통신기술의 급격한 발달로 인해 복잡한 원거리 활동이 가능해져 마케팅과 경영, 기술 등의 전문지식이 생산설비와 함께 개발도상국으로 넘어가 글로벌 생산네트워크인 '글로벌 가치사슬'이 형성됐다.

예로서 스마트폰, 컴퓨터 등 첨단 제품은 지구 차원의 멀고 복잡한 공급망(supply chain)에 의해 적어도 3개 대륙 6개 이상의 국가에서 만든 수많은 부품으로 조립된다. 이는 컨테이너 수송 등 운송방법의 혁신으로 상품을 대규모로 값싸고 빠르게 수송할 수 있게 되었기 때문에 가능해졌다.

〈표 1-1〉 세계화에 따른 물품 이동거리

(이동거리는 미국 내 기준)

제품	물류과정	이동거리
휴대폰	홈버튼 : 중국(후난성, 장쑤성) → 대만 가오슝 → 중국 정저우(최종조립) → 미국	38만600㎞
커피	적도지방 생두를 로스팅하여 소비자에게 배송과정 : 적도 → 홍해와 수에즈운하 → 지중해 → 지브롤터해협 → 대서양 → 파나마운하 → 태평양에 들어선 후 북서쪽으로 돌아 캘리포니아	2만5300㎞
피자	모차렐라 치즈(375㎞), 토마토 소스(450㎞), 페퍼로니와 소시지, 햄, 살라미(2,250㎞), 밀(2,410㎞), 피자 상자(3,540㎞)는 캘리포니아 온타리오 공장에 도착하여 제조되어 가정에 배달	9,025Km

출처 : 에드워드 흄스 지음 · 김태훈 옮김, 「배송추적」, 사회평론, 2017.

국가	부품	제조업체	비용
대만	터치스크린, 카메라	Largan Precision, Wintek	$20.75
독일	베이스밴드, 전원관리, 트랜스시버	Dialog, Infineon	$16.08
한국	디스플레이, DRAM 메모리, 애플리케이션 프로세서	삼성, LG	$80.05
미국	오디오 코덱, GPS, 메모리, 터치스크린 콘트롤러	Broadcom, Cimus Logic, Intel, Skyworks, Teoas, Instruments, TriQuint	$22.88
기타 국가	기타	여러 업체	$47.75
총계	-	-	$187.51

자료 : OECD(2011), "Revisiting Trade in Globalised World : Current and Furture Work on Measuring Trade in Value-Added Terms," TAD/TC/WP(2011) 26, p. 12 참고.

[그림 1-1] 아이폰의 부품조달현황

셋째, 세계무역기구(WTO) 체제의 출범과 FTA확산이다. 1995년 WTO가 발족하면서 세계무역이 급증하고 이로 인해 세계화는 더욱 촉진되었다. WTO 체제의 출범은 상품 교역에 대한 관세 장벽과 비관세 장벽 등 무역 장벽의 철폐 내지 완화로 세계 시장을 하나의 시장(one market)으로 만들기 위하여 출범한 국제기구이다.

또한 서비스 교역에 대해서는 내국민 대우와 최혜국 대우를 부여함으로써 상품 및 서비스 교역의 장애가 되는 경제적 의미의 국경이 점차 약화되었다. WTO 체제와 동시에 경제적으로 유사하거나 보완관계에 있는 국가들 간에 자유무역협정(Free Trade Agreement; FTA) 체결이 확산되었다. 즉, WTO 및 FTA 확산으로 인한 세계 경제는 정치, 사회, 교육 및 문화 등의 개방화를 초래하였다.

3 세계화의 효과

1) 긍정적 효과

첫째, 선택의 폭이 넓어졌다. 낮은 가격으로 다양한 제품의 구입이 가능하고 해외 서비스를 이용할 수 있다. 우리나라에서 생산되지 않는 커피, 열대지방 과일, 아이폰 등등을 구입할 수 있을 뿐만 아니라 구글 등 포털서비스를 이용할 수 있고, Netflex, Disney 등을 통해 해외드라마나 영화를 시청할 수도 있다. 해외직구를 통해 국내에서도 해외 사이트를 통해 다양한 물건을 직접 구입할 수 있고 세계 각국의 음식도 맛볼 수 있다.

둘째, 활동무대를 넓힐 수 있다. 지구촌 어디에서든 공부를 할 수 있고, 취업도 할 기회를 가질 수 있다. 해외 파트너와 이메일이나 화상회의를 통해 필요한 자료를 주고 받으면서 협업을 할 수도 있다. 손흥민, 류현진 같은 운동선수와 BTS, 블랙핑크 같은 가수처럼 전 세계를 무대로 자신의 꿈을 펼쳐나갈 수 있다.

셋째, 경제적 측면에서 볼 때 효율의 극대화, 자원 배분의 합리화, 자유 무역의 실현 등 긍정적 효과를 거두고 있다. 한국은 해방 후 6.25 전쟁으르 폐허가 되었지만 민주화의 성공과 함께 세계화의 물결을 타고 1인당 GDP는 1960년대 100달러에서 2018년 3만 달러, 2020년 이후 35,000달러를 달성하였으며, 무역규모도 1조달러를 넘어서 세계 최빈국에서 세계 10대 경제국으로 성장하였다.

넷째, 기업들은 인건비가 싼 나라에서 제품을 생산하여 글로벌 경쟁력을 갖추고 새로운 해외 시장을 개척할 수 있다. 또한 해외로부터 새로운 기술이나 사업방식에 대한 아이디어를 얻어 자신의 사업에 접목시킬 수 있다.

다섯째, 세계의 사람들과 소통하면서 빈곤, 부패, 인권, 환경 문제, 전쟁 등 현실적인 문제를 같이 고민하고 공동으로 해결책을 마련하여 대응할 수 있다. 특히 사회적 약자에 대한 문제들은 선진국에서 논의되던 기본 가치인 자유나 인권 등을 세계적으로 확산시킴으로써 인류가 더 나은 삶을 이끌어갈 수 있다.

마지막으로 문화적인 측면에서는 새로운 문화의 유입으로 기존의 문화가 풍부해지고 보편적 문화가 형성되기도 한다. 자국의 문화가 세계로 진출할 수도 있고, 외국문화와 만나 제3의 새로운 문화를 만들어내기도 한다. 예로서 BTS를 비롯한 한국의 아이돌 가수, 기생충과 같은 영화, 오징어 게임같은 한국드라마의 세계진출을 들 수 있다.

2) 부정적 효과

세계화의 부정적 측면은 첫째, 세계적인 약육강식 사태를 야기시켰다. 자유방임주의, 제국주의, 독점자본 환경이 이를 조장했다.

둘째, 승자독식으로 인한 불평등 심화이다. 과도한 경쟁으로 경쟁력 없는 기업의 도태, 실업자 증가로 부의 편중은 자산의 평형추를 '20 대 80'에서 '1 대 99'로 바꿔놓았다. 세계은행에 따르면 2017년 세계에서 가장 부유한 최상위 1%가 새롭게 창출된 부의 82%를 가져갔다. 세계 전체의 빈곤율은 줄어들고 있지만, 사하라 이남 아프리카에선 오히려 늘어나고 있다.

셋째, 약소국의 문화가 서구 선진국 문화로 동화되어 문제적 정체성의 상실을 가져온다. 예를 들면, 한국의 과거 결혼식은 전통혼례식으로 치뤘지만 현대 결혼식은 거의 서양결혼 문화를 따르고 있으며, 무분별하게 외국어를 남용하여 한글이 훼손되고 있다.

넷째, 비자발적 이민과 인종 차별 등 타문화에 대한 적대감으로 개인이나 집단 간의 갈등의 증가이다. 우리나라도 동남아시아나 중국 등지에서 많은 외국인들이 노동자로 유입되고 있으며, 그로 인한 인종차별 문제는 이미 사회적 문제가 되고 있다.

다섯째, 국제 무역 규범 준수 방침은 주권 국가의 자율성을 침해하고 있다.

마지막으로 환경오염, 전염병이나 외국동식물의 유입으로 생태계 파괴이다. 각국의 소득 증가는 환경오염을 가중시켰다. 지구 환경의 파괴, 생태계의 훼손, 부존자원의 남획, 생존 기반의 붕괴 등을 야기하는 부작용을 낳고 있다. 또한, 우한에서 발생한 코로나19가 불과 2~3달 만에 전 세계로 퍼진 것은 중국이 세계 각 지역과 긴밀히 연결되어 있기 때문이다

일본의 사회적 기업가 고구레마사히사의 Table for Two

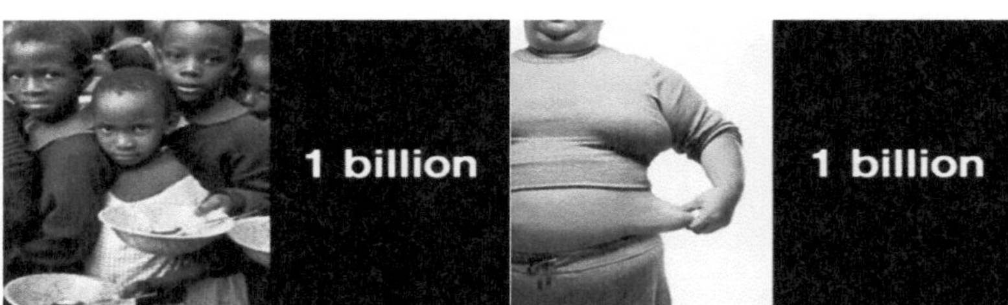

70억 인구 중 10억명은 "영양결핍" 10억명은 "영양과잉"
일본 등 선진국 1주일 식생활비 약 300달러, 아프리카지역 1.62달러

[그림 1-2] 빈부격차의 예

읽어보기 **20 대 80의 사회와 승자독식 시대**

19세기 이탈리아 경제학자 파레토(Pareto, V.)가 발견한 인간 사회의 한 법칙이다. 그는 "전체 결과의 80%는 전체 원인 중 20%에서 비롯된다."고 주장했다. 즉, "20 대 80 사회"란 20%의 원인으로 80%의 결과를 거둔다는 뜻이다. 이 원리를 '파레토의 법칙' 혹은 '최소 노력의 법칙'이라고도 한다. 결국 "20 대 80의 사회"는 노동 가능한 인구 중에서 20%만 있어도 세계 경제를 유지하는 데 별 문제가 없다는 것으로, 그 결과 나머지 80%의 사람들은 실업과 빈곤이라는 고난을 겪게 된다는 것이다.

로버트 프랭크와 필립 쿡은 『승자독식사회』라는 책에서 유례없는 양극화와 승자독식 현상은 신자유주의, 세계화와 그로 인한 무한경쟁에서 비롯됐다고 주장하였다. 원래 '승자독식'은 스포츠나 연예계에서 통용되던 논리였는데, 이제는 일반 소비자 상품, 법률, 의료, 교육 등 거의 모든 시장으로 확산되고 있다.

2000년대 닷컴 거품 때 수만 개에 달했던 인터넷 기업이 대부분 사라지고 구글, 아마존, 페이스북, 탄센트, 바이두, 알리바바, 네이버, 카카오 같은 소수 기업이 시장을 과점하고 있다. 스마트폰의 출현은 2등 그룹의 텃밭인 게임기, MP3, 디지털카메라, 내비게이션 등을 하나하나 집어삼키며 애플과 삼성 등 선두업체들의 독식구도를 만들었다.

생각나눔

WTO, IMF, G8 정상회담 등 신자유주의, 세계화에 앞장서는 국제기구나 국제회의가 있을 때마다 이를 반대하는 시위가 발생하는 이유는 무엇인가?

다보스포럼 반대시위

4 세계화와 4차 산업혁명

제4차 산업혁명은 제조공정의 자동화, 첨단 로봇, 소프트웨어 기술 등 놀라운 새로운 기술의 혁신이 인구 고령화와 경제적 변화와 복합적으로 작용하여 신경제 시대인 디지털 전환(DX)의 시대를 열고 있다.

제4차 산업혁명은 모든 것이 서로 연결되는 '초연결' 사회, 알파고 같은 인공지능이 일반화되는 '초지능' 사회, 우리가 이용하는 스마트폰, 컴퓨터, TV 등이 '초실감' 사회를 가져왔다.

대표적인 생활 변화 예로 AI 비서나 드론, 자율주행차, 원격의료, 스마트시티, 스마트공장 등을 들 수 있다. 하지만 이러한 변화는 우리가 살고 있는 세상뿐만이 아닌 가상 공간으로까지 파고들어 현실세계와 똑같은 가상의 세계, 즉 디지털 트윈(Digital Twin)이 디지털 전환의 핵심 키워드로 부상하고 있다.

컴퓨터와 인터넷 발달이 주도한 '디지털 혁명'을 기반으로 한 제4차 산업혁명은 인공지능(AI)과 로봇공학, 빅 데이터와 클라우딩, 3D 프린팅과 퀀텀 컴퓨팅, 공유경제, 사이버안보, 블록체인, 나노 바이오 기술 등 거의 모든 지식정보 분야에 걸친 눈부신 속도의 발전을 가져와 기존의 일하는 방식이나 소비 행태뿐 아니라 생활방식 전반에 걸친 혁명적 변화를 가속화시킬 것이다.

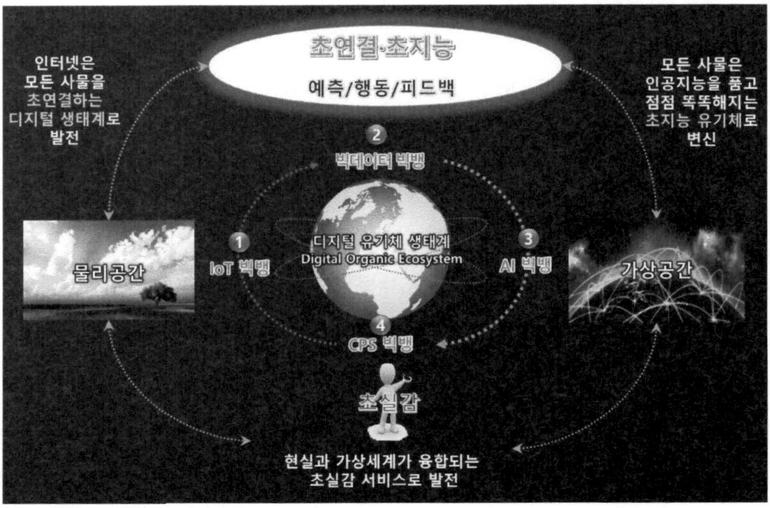

출처 : 심준보, 제4차 산업혁명과 포스트코로나 시대의 디지털 기술 트렌드, 한국전자통신정보원, p. 8.

[그림 1-3] 디지털 트윈(Digital Twin)
인류를 보다 지능화된 디지털 유기체 세상으로 이끄는 변혁

클라우스 슈밥은 4차 산업혁명의 특징으로 다음 세 가지를 제시하였다.

첫째, 속도(Velocity)이다. 제1~3차 산업혁명과 달리 제4차 산업혁명은 선형적 속도가 아닌 기하급수적 속도로 전개되고 있다. 이는 우리가 살고 있는 세계가 다면적이고 서로 깊게 연결되어 있는데, 신기술이 그보다 더 새롭고 뛰어난 역량을 갖춘 기술을 만들어냄으로써 생긴 결과다.

둘째, 범위와 깊이(Breadth and depth)이다. 제4차 산업혁명은 디지털 혁명을 기반으로 다양한 과학기술을 융합해 개인뿐만 아니라 경제, 기업, 사회를 유례없는 패러다임 전환으로 유도한다. '무엇을 어떻게'

하는 것의 문제뿐 아니라 우리가 '누구인가'에 대해서도 변화를 일으키고 있다.

셋째, 시스템 충격(Systems Impact)이다. 제4차 산업혁명은 국가 간, 기업 간, 산업 간, 그리고 사회 전체 시스템의 변화를 수반한다.

ICT혁명이 지식의 이동비용을 줄여 글로벌 가치사슬을 만들어냈다면, 4차 산업혁명 기술은 사람의 이동마저 자유롭게 한다. 5G(5세대), 사물인터넷(IoT), VR・AR(가상현실・증강현실), 빅데이터, 3차원(3D) 프린팅, 인공지능(AI) 등 4차 산업기술을 전문가가 해외 공장에 가지 않고도 현장에 있는 것과 동일한 효과를 창출할 수 있다. 원격 조종으로 해외에 위치한 공정을 조절할 수도 있고 값비싼 노동력이 직접 이동하지 않고도 서비스를 제공할 수 있다.

〈표 1-2〉 제4차 산업혁명의 주요 기술

주요 기술	내 용
사물인터넷(IoT)	사물에 센서를 부착하여 실시간으로 데이터를 주고받는 기술
로봇공학	로봇에 생물학적 구조를 적용하여 초정밀 분야에서 활용
3D 프린팅	3D 설계 및 모델링에 소재를 쌓아 유형의 물체를 만드는 기술
인공지능(AI)	컴퓨터가 인간의 사고・학습 등 지능적인 행동을 실현하는 기술
신소재	기존에 없던 신소재(재생・세척가능, 형상기억합금 등) 등장
5세대 이동통신(5G)	4G LTE 대비 데이터 용량 1,000배, 속도는 200배 빠른 차세대 이동통신
빅데이터 분석	다양하고 방대한 데이터를 바탕으로 인간의 행동 패턴 등을 분석・예측
유전자 편집	인간의 성체세포 변형, 유전자 변형 동식물 개발

자료 : IBK 기업은행 경제연구소, "중소기업 CEO를 위한 내 손안의 4차 산업혁명", IBK 기업은행, 2017, p. 5.

5 세계화와 코로나19

포스트 코로나 시대에 가장 크게 달라진 것 중 하나가 '세계화'다. 정보통신기술의 발달 등에 힘입어 지난 20여년 동안 '빠른 세계화'가 진행됐지만, 코로나 19는 '탈세계화'와 '디지털화'의 가속화를 가져왔다. 전 세계를 단일 시장으로 보고 생산과 소비가 수행되는 대신 몇 개의 단위로 글로벌 경제가 분할되는 지역화(regionalization) 현상을 가져왔다.

코로나 팬데믹은 전 세계 기업들에게 '초연결의 패러독스'라는 난제를 초래했다. 세계화를 통한 모든 지역과 국가 간 경계 없는 전방위적 초연결이 이번 팬데믹을 계기로 바이러스와 같은 부정적 요소도 빠르게 확산시킬 수 있다는 위험을 인식하게 됐지만, 초연결이 가져온 전대미문의 경제적 성장을 고려할 때 쉽게 끊을 수도 없는 패러독스에 빠진 것이다. 물리적인 이동 제한과 바이러스 감염에 대한 방역으로 '물리적(physical) 세계화'는 크게 위축될 수밖에 없었으나 이러한 변화는 위기와 동시에 새로운 기회를 만들고 있다.

〈표 1-3〉 디지털 전환 사례

고객 데이터에 기반한 주문-결제-리워드-개인화 서비스를 제공하는 '디지털 플라이휠' 전략을 중심으로 디지털 전환을 추진, 오프라인 매장 기반의 커피 판매를 모바일 기반의 비즈니스 모델로 확장	

나이키는 '나이키+GPS', '나이키+스포츠워치' 등 다양한 제품군에 디지털 기술을 접목	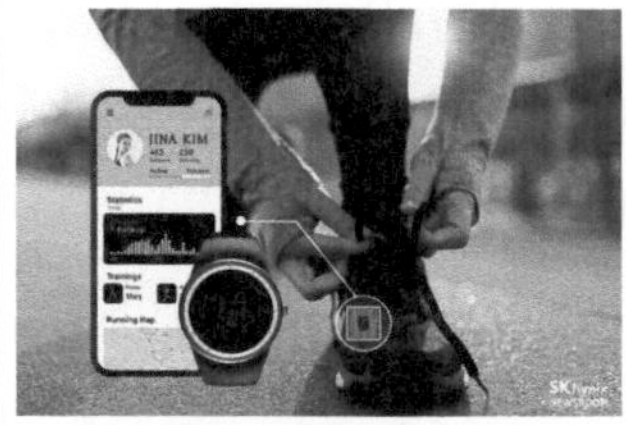
테슬라의 전기 자동차는 자동 운행(automatic operation)과 완전 자율주행(FSD, Full Self Driving)이라는 두 가지 운전 방식을 지원하는 것이 특징. 차체에 탑재된 8개의 카메라가 360도 각도로 최대 250m 전방의 물체를 인식하며 주행	

출처 : 포스트 코로나 시대를 구원할 '디지털 트랜스포메이션'의 모든 것, SK 하이닉스 뉴스룸, 2020. 5.20.(https://news.skhynix.co.kr/post/all-about-digital-transformation)

코로나 팬데믹은 '디지털 전환'으로 제4차 산업혁명을 앞당겼다. 즉, 인공지능(AI)과 가상현실(VR) 활용이 확산되면서 인류가 서로 공감하고 '온라인 만남'을 통해 정보를 공유하는 폭이 크게 넓어졌다. 언어장벽도 인공지능의 기계번역 기술 발전과 함께 점차 허물어지고 있다. 가상공간에서의 만남은 '사이버(cyber) 세계화'를 촉진시키고 있다.

코로나 팬데믹은 사회 전반에 근본적 변화를 초래했다. 특히 기업경영은 20세기 초 대량생산과 함께 시작되어 지난 100여년 간 지속되어 온 현대 경영의 근본이 제4차 산업혁명과 결합되면서 바꾸고 있다. 포스트 코로나 시대의 초 경쟁 환경에서 경쟁우위를 위해서는 사람에 대한 존중과 민첩성이 중요해졌다.

초 경쟁 환경은 미래 환경을 예측할 수 없는 극도의 불확실성, 수시로 변화하는 불안정성, 그리고 산업이나 시장, 기술 분야 간 경계파괴가 특징이기 때문에, 이를 극복하는 유일한 방법은 예측 못한 환경변화가 발생할 때 개인이 각자 자율적으로 신속하게 대응하는 민첩성이 필요해졌다. 또한 기업의 전략적 관점에서 초 경쟁 환경의 가장 중요한 변화는 고객 중심성으로의 전환이다. 예로서, 고객중심성은 AI나 빅 데이터 등 4차 산업혁명의 핵심 기술들이 개별 고객 각자의 수요 전체를 정확하게 파악해주게 되면서 등장한 개념이다.

제2절 글로컬라이제이션

1 글로컬라이제이션의 의의

글로컬라이제이션(Glocalization, 이하 글로컬)은 세계화를 의미하는 글로벌라이제이션(Globalization)에 지역화 내지는 현지화라고 하는 로컬라이제이션(Localization)이 합쳐진 합성어이다.

이는 지역 콘텐츠를 살려 글로벌 시장을 겨냥하는 방식으로 경영의 마케팅 개념에서 세계화와 현지화를 동시에 추진해 사업의 시너지 효과(synergy effect)를 극대화시키는 전략으로 출발된 개념이다. 즉, 기업들이 '로컬(local) → 글로벌(global) → 글로컬(glocal)' 공식으로 글로벌 시장을 공략하기 위한 개념이다.

예로서, 햄버거 하나로 미국을 정복한 맥도널드가 우리나라로 진출해 불고기버거를 출시하여 성공한 대표적인 사례이다. 반면 까르푸와 월마트의 한국 시장에서 철수나 마이크로소프트가 한글과 컴퓨터를 인수하려다 실패한 것은 한국 특유의 지역적 특성을 고려하지 않았기 때문이다.

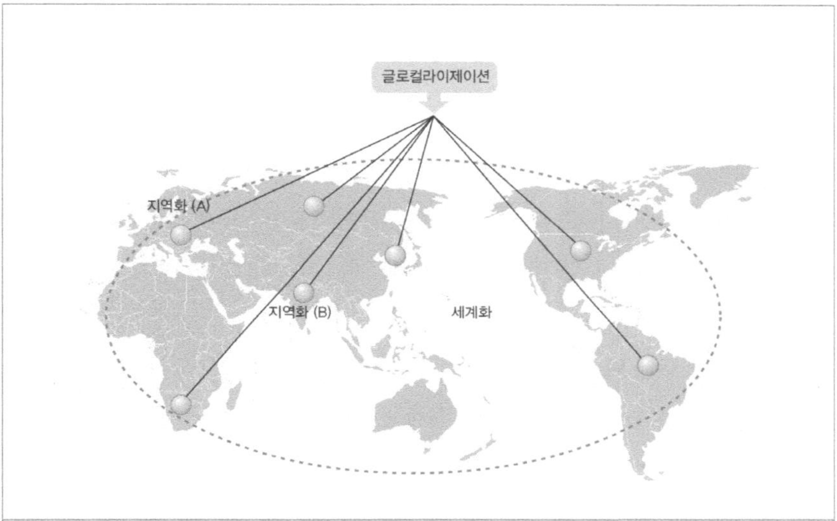

[그림 1-4] 세계화와 글로컬라이제이션과의 관계

2 글로컬라이제이션의 사례

'글로컬라이제이션(Glocalization, 이하 글로컬)은 21세기 기업들의 생존 전략으로 자리 잡고 있다. 글로컬은 마케팅 용어에서 기원한 말로, 세계화를 추구하면서 동시에 현지 국가의 기업 풍토를 존중하는 경영 방식을 뜻한다. 세계화와 현지화를 동시에 이뤄 시너지 효과를 극대화하겠다는 글로벌 기업의 전략이다. 세계화를 추구하는 동시에 현지 국가의 기업 풍토를 존중해야만 갈수록 치열해지는 경쟁에서 살아남을 수 있기 때문이다.

글로컬 문화는 문화에 대한 위계적 구분을 없애고 문화 다양성을 존중하는 것에서 출발한다. 글로컬 문화의 관점에서 보면 프랑스 카페에서 와인을 마시는 행위와 한국 선술집에서 막걸리를 마시는 행위 간에 우열을 가릴 수 없다. 이는 각 국가 문화 소비자들이 가진 취향의 문제일 뿐이며 소비자가 장소와 제품을 선택하는 데는 그만한 배경과 맥락이 있기 때문이다.

CJ그룹의 한식 브랜드 비비고는 비빔밥을 원류로 하되 돌솥비빔밥이라는 한국의 식문화 콘텐츠를 선보이면서도 중국에서는 두부를, 영국에서는 칵테일을, 일본에서는 샐러드를 이용해 현지인이 좋아할 만한 메뉴를 지속적으로 개발하고 있다.

최대 패스트푸드 체인업체인 맥도날드는 국내 시장에 진출하면서 '빅맥'만을 고집하지 않고 한국 진출 이후 꾸준히 한국인의 정서를 고려해 한국의 맛을 대표하는 '불고기버거'를 출시하는 한편 전 세계 어디에서도 찾아볼 수 없는 매운 소스를 접목시킨 버거 상품을 내놓았다. 맥도날드는 힌두교 국가인 인도에서 소고기나 돼지고기를 뺀 햄버거를 출시해 현지에서 큰 히트를 치기도 했다.

코카콜라(Coca-Cola), 이케아(IKEA), 네슬레(Nestlé), 현대기아차 등은 현지의 특성을 반영한 차별화된 글로컬 전략을 선보이고 있다. 코카콜라는 국내 시장에 진출하면서 녹차나 매실과 같은 전통 음료를 시장에 내놓았고, 이케아는 아시아 지역에 한해 가구조립 및 배달서비스를 도입했다. 네슬레는 전 세계인의 입맛을 분석해 진출지역마다 각기 다른 상품을 출시하고 있으며, 현대기아차는 실용성을 추구하는 유럽인의 라이프스타일에 맞춰 유럽에서만 판매되는 신차 '씨드'를 출시했다.

넷플릭스는 콘텐츠를 각 지역에서 직접 수급하거나 제작하고, 글로벌 플랫폼을 통해 배포해 전 세계 구독자들이 시청하도록 하는 글로컬 전략으로 '오징어 게임'을 히트시켰다. 세계화와 현지화가 조화될 때 기업 경쟁력도 극대화될 수 있는 반면에 글로컬에 실패한 기업은 도태될 수밖에 없다.

글로컬은 글로벌 경제의 가속화, 지역 변화에 주목하는 세계 경제의 주도권 경쟁, 정보통신의 발전, 과학과 교통수단의 발달, 각국의 다문화 가족 형성 등으로 더욱 빠르게 확산되고 있다. 글로컬 경영의 핵심은 크게 4가지로 나누어 볼 수 있다. (1) 글로벌 확장에 필요한 상품・서비스의 전 세계적 보편성, (2) 넓은 범위를 효율적으로 관리할 수 있는 표준화된 정책과 규범, (3) 개별 시장과 고객에 대한 깊은 이해와 접근, (4) 현지 특성을 반영한 차별적 관리 방식이다.

읽어보기 매경춘추 - 글로벌시대 에티켓

청나라 재상 리훙장이 영국 빅토리아 여왕을 알현했을 때다. 그는 대화 도중 갑자기 여왕의 나이를 물었다. 인간관계에서 나이를 중시하는 동양인의 문화적 성향 때문이었는지 모른다. 그러나 오늘날 여성에게 나이를 묻는 것이 금물임은 삼척동자도 다 안다. 특히 서양에서는 나이가 프라이버시에 속한다. 심지어 의사도 필요한 경우에는 "언제 투표권을 갖기 시작했어요?" 등 우회적으로 질문하기도 한다. 당시 여왕이 얼마나 당황했을까?

(중략)

오늘날 글로벌 스탠더드에 맞는 에티켓의 중요성이 강조되고 있다. 무역 규모 '1조달러 클럽'의 회원으로서 세계 각국과 비즈니스를 하는 우리로서는 글로벌 스탠더드와 로컬 스탠더드에 손색 없는 매너를 알고 실천하는 것이 필요하다. 로마에서는 로마법을 따르는 법. 현지 문화를 존중하고 실천하는 자세가 필요하다. 예를 들어, 우리가 시골 어르신과 이야기할 때는 '눈에 힘을 빼고' 이야기해야 하지만 서양인과는 눈을 똑바로 응시하는 것이 좋다. 눈맞춤을 피하면 자기를 속이거나 무시한다고 생각할 수 있다.

오늘날 세계 곳곳에서 교양학교(finishing school)가 성업 중이다. 교양학교란 원래 소녀들의 사교계 진출을 돕기 위해 상류층의 매너를 가르치는 곳이었는데, 이제는 옷차림, 대화술, 음주방법 등 글로벌 에티켓과 매너 등을 가르친다. 문화 간 소통에 있어 글로벌 에티켓과 매너의 중요성을 보여주는 예다. '글로벌 코리아'는 '글로벌 코리안'에 의해 이루어진다.

출처 : 매일경제, 2012-11-20.

3 세계화와 제4차 산업혁명 시대 인재상

세계화와 제4차 산업혁명은 사람들과의 연결이 더욱 심화되어 개인이나 기업 모두 협업을 통한 새로운 기회를 제공하는 한편 경쟁이 심하여 위험도도 높다. 코로나 19로 제4차 산업혁명이 더욱 앞당겨져 미래를 예측할 수 없는 VUCA[변동성(volatility), 불확실성(uncerta- inty), 복잡성(complex), 모호성(ambiguity)의 머리글자로 불확실한 미래를 뜻함] 시대에서는 위험관리능력이 가장 중요한 능력으로 부각되었다. 2020년을 맞아 전 세계 저명한 기업인, 경제학자, 정치인 등이 참여하는 세계경제포럼(WEF) 미래직업보고서에서는 〈표 1-2〉와 같이 미래 인재가 갖춰야 할 핵심 역량 10가지를 발표하였다.

4차 산업혁명 시대 직장인들에게 요구되는 능력은 단순한 업무뿐만 아니라 통계자료를 활용한 분석업무나 정보검색 등은 사람들이 인공지능을 능가할 수 없기 때문에 인공지능이 할 수 없는 영역, 특히 사람들의 마음을 움직일 수 있는 능력이나 창의적 영역의 능력과 위험관리능력이 필요하다.

한국고용정보원은 우리나라에서 400여개 직업이 인공지능과 로봇기술을 통해 직무 대체가 가능한 반면 창의력이 필요하거나 서비스 지향적인 직업, 사람과의 협상 및 설득이 필요한 직업의 경우 인공지능과 로봇으로의 대체 가능성이 낮다고 분석했다. 또한 미래학자 다니엘핑크는 다가올 미래 시대에서 살아남기 위해서는 예술적・감성적 아름다움을 창조하는 능력과 상대방의 공감을 이끌어 가는 능력을 지녀야 한다고 밝혔다.

이를 위해선 첫째, 감성을 자극하는 스토리를 갖고 사람의 마음을 움직이는 설득 능력을 갖추어야 한다.

〈표 1-4〉 4차 산업혁명시대 직장인의 필수요구 역량

2015년	2020년
1. 복합적 문제 해결	1. 복합적 문제 해결
2. 대인관계 역량	2. 비판적 사고(↑2)
3. 인적자원 관리 역량	3. 창의성(↑7)
4. 비판적 사고	4. 인적자원 관리 역량(↓1)
5. 협상력	5. 대인관계 역량(↓3)
6. 품질관리 역량(out)	6. 감성지능(new)
7. 방향설정 역량	7. 결정력(↑1)
8. 결정력	8. 방향설정 역량(↓1)
9. 경청능력(out)	9. 협상력(↓4)
10. 창의성	11. 융통성(mew)

둘째, 조화를 이룰 수 있는 융합능력이 필요하다. 현 시대에서 가장 많이 요구되는 능력은 분석이 아니라 통합으로 큰 그림을 그릴 수 있고 새로운 것을 구성하고 결합할 수 있는 능력이다.

셋째, 상대방의 입장에서 생각하고 입장을 바꿔 생각해 볼 수 있는 공감능력이다. 경쟁자를 제치고 나 혼자 살아남기 위한 전투적인 사람이 아닌 서로가 공존할 수 있는 역량이 필요하다는 것이다.

마지막으로는 삶의 즐거움을 찾을 수 있어야 한다.

세계화와 제4차 산업혁명은 누군가에게 위기일 수 있지만 누군가에게는 기회가 될 수도 있다. 그 기회를 얻을 수 있는 사람들은 글로벌 경영능력, 제4차 산업혁명에 필요한 역량과 불확실성한 상황에 민첩하게 대처할 수 있는 역량을 갖춘 사람들이 될 것이다.

읽어보기 **로알드 아문드(Roald Amundsen) 대 로버트 스콧(Robert Falcon Scott) 남극 탐험**

20세기 초 극지방 탐험을 위해 영국은 두 번의 탐사[스콧(1901), 2년 정도 현지 지형 탐사, 섀클턴(1907) 남극 근처까지 정복] 후 스콧을 대장으로 한 탐험팀은 최신 이동수단, 충분한 식량 마련 등 불확실성에 대한 철저한 준비를 한 후 탐험을 시작하였다. 그러나 남극에 도착하자마자 이동수단(모터 썰매 한 대 물에 빠지고, 두 대는 추위로 엔진이 멈춤, 눈 폭풍으로 조랑말의 눈가에 얼음 맺힘, 스키를 타지 못하는 일부 과학자)은 무용지물이 되어 남극점에 도달했을 땐 아문센보다 35일이 늦었고 돌아오는 길엔 심한 눈보라 속에서 길을 잃고 실종됐다.

반면, 아문센은 남극점 정복을 위해 3,200킬로미터를 자전거로 완주하며 체력을 키우고 2년간 에스키모와 생활하며 남극에 대한 정보를 수집하고 개썰매와 스키타는 법을 배웠으며, 추위에 견디는 훈련과 펭귄, 바다표범 등으로 식량 조달하는 방법을 모든 대원에게 익히게 하는 등 한 번도 가보지 못한 미지의 남극의 불확실한 상황에 대비하였다. 그리하여 스콧과 비슷한 시기에 출발한 아문센은 1911년 12월 14일 한 달 앞서 남극점에 도달하는 쾌거를 이루게 된다.

스콧과 아문센의 남극 경쟁에서 보았듯이 계획과 실제 상황은 전혀 다르게 전개될 수 있다. 아문센과 스콧의 차이는 바로 시나리오이다. 아문센의 계획은 최악의 시나리오를 스콧은 최상의 시나리오를 준비했다. 계획은 미래에 대한 예측이다. 누구도 결과를 확신할 수 없다. 그리고 예측이란 누구의 것이든 원래 전적으로 신뢰할 만한 것은 못 된다. 아무리 완벽한 계획을 세운다고 하더라도 불확실한 미래를 정확히 예상할 수는 없다. 어쩌다 한두 번은 맞추더라도 예측할 수 없는 상황이 거듭되는 뷰카 상황이 지속되면 계획대로 갈 확률은 매우 낮아진다. 불확실성은 예상하는 게 아니라 대응하는 것이다. 어떠한 상황이든 능히 극복해낼 수 있는 대응력을 평소에 길러두어야 한다.

출처 : 융합경영리뷰, 포스트 코로나와 리더십 엣지, 2021.02.24.(https://startrail.kr/kwastartrail_blog_v-219?process_num=179&serial_parent=179&PB_1563944033=15)

2

문화의 이해

1. 문화에 대한 이해
2. 문화에 대한 태도
3. 문화의 변동과정

2 문화의 이해

제1절 문화에 대한 이해

1 문화의 의의

20세기는 산업화·정보화 시대였다면 21세기는 문화의 시대라고 일컬어진다. 세계화 시대는 정보통신, 교통의 발달로 다른 나라 사람들과 접촉이 빈번해지고 있다. 다른 나라 사람과의 교류 증대로 다른 문화와의 접촉증대를 가져오는데, 타 문화에 대한 이해부족과 그에 따른 의사소통의 실패는 이문화 집단 간 충돌과 갈등을 불러오곤 한다. 따라서 문화에 대한 이해를 통해 다른 문화의 사람들을 이해하는 것이 필요하다.

라틴어 'Cultus ; 밭을 갈아서 경작한다.'에서 유래된 문화(文化, culture)는 일반적으로 한 사회의 주요한 행동 양식이나 상징 구조를 말한다. 문화는 사회구성원으로서 개인의 의사소통, 해설, 평가를 돕는 일련의 가치, 아이디어, 유물과 여타의 다른 의미 있는 상징들이다. 이는 사회 구성원들이 공유하고 있으며, 세대를 거쳐 이어지는 일련의 신념(beliefs), 가치(values), 태도(attitudes), 관습(habits), 행동형태(forms of behavior)이기도 하다.

문화는 개념자체가 지니는 복합성 때문에 보는 시각에 따라 매우 다양하게 정의되었다. 영국의 인류학자 타일러(Tylor, Edward B.)는 『원시문화(1889)』에서 문화는 '지식, 신앙, 예술, 법률, 도덕, 관습 그리고 사회의 구성원으로서의 인간에 의해 얻어진 다른 모든 능력이나 관습들을 포함하는 복합적 총체'라고 정의하였다.

문화는 빙산에 비유되기도 한다. 문화인류학자 홀(Edward T.Hall)은 문화는 빙산의 일각과 같다고 하였다. 문화의 빙산을 보면 눈에 보이는 부분인 표면적 문화는 10% 이내이며 숨겨진 문화가 90%(혹은 이상)로 이루어져 있다. 즉, 문화는 총체적인 사람 사는 모습을 담고 있는 개념이기 때문에 보이는 것과 보이지 않는 것으로 구분된다.

표면적 문화는 가령 음식, 언어, 의복, 건축물, 관습 등은 눈에 보이는 문화의 부분이다. 표면 바로 밑에는 특정 집단 간에 뿌리 깊은 행동양식이 있다. 예의, 시간관념, 개인적 공간, 행위규칙, 얼굴표정 등과 같은 비언어적 의사소통 및 관계적 대화 패턴 등이 이에 속한다. 가장 밑바닥에는 무의식적 규칙으로서 가치관, 가정, 신념, 철학, 종교와 같은 요소는 보이지 않는 문화의 부분들이다. 일반적으로 문화적 차이로 인한 갈등은 이러한 보이지 않는 부분이 더 파악하기 어렵기 때문에 발생한다.

Surface Culture – 감정적 측면 낮음 Above the Surface (문화의 유형적 측면 : 쉽게 확인하고, 쉽게 공유되고 쉽게 접근)
Deep Culture – 감정적 측면 높음 비언어적 규칙 : 표면 바로 밑 행위적 기반 (예의, 관계적 대화 패턴, 시간 관념, 눈맞춤, 개인적 공간, 행위규칙, 얼굴표정, 비언어적 의사소통 등)
Unconscious Rules – 감정적 측면 매우 강함 (무의적식 규칙–표면의 훨씬 아래) Value–Based(가치기반) 미의 개념, 경쟁적/협조적 개념, 인내심, 나이, 성, 계급, 직업 등의 관계에 있어서 문제해결 역할, 태도 및 의존성, 모호성

[그림 2-1] 문화의 빙산

2 문화와 문명

문화는 일련의 사람들이 공통적으로 공유하는 지식, 경험 및 행동의 집합으로 학습을 통해 얻는 것으로 사회 구성원으로서 사람이 물려받는 예술, 지식, 신념, 관습, 전통, 도덕, 축제, 가치관, 태도, 습관 등을 말한다.

문명(civilization)은 라틴어 'civis(도시에 거주하는 사람)'에서 파생되어 '교육받은, 개화된(civilized) 사람으로 인정되는 예의바른 행동의 척도인 정중함(civility)'이란 뜻으로 사용하기도 한다. 문명은 인류 사회가 변화하는 과정에서 특정한 단계를 일컫는 말이다. 문명은 문화, 산업, 기술, 정부 등이 최대 수준에 도달하는 한 인간 사회의 상태를 문명화하거나 말하기의 과정을 말한다. 모든 문명은 정교한 정치, 경제, 사회, 종교적인 제도 등의 존재로 식별되는 복잡한 사회다. 즉, 계층화된 사회 조직과 거대한 잉여 농산물이 정교한 국가의 핵심을 이루는 복잡한 사회를 문명이라고 한다.

문명은 자연 자원을 최대한 활용하여 사람들의 요구를 충족시키는 것을 포함한다. 또한 식량, 교육, 복장, 의사소통, 교통 등과 관련하여 삶의 질을 향상시키기 위해 공동으로 그리고 끊임없이 노력하는 다양한 그룹으로 사회를 조직화하는 것을 강조한다. 과거 중국인들은 자신만을 문명화된 세계로 규정하고, 주변 지역은 오랑캐로, 아주 먼 나라는 가르쳐도 소용없는 짐승 같은 존재로 정의하였다. 근대 서양 국가들은 자신들을 문명국으로 규정하고, 다른 지역을 문명화시킨다는 명분 아래 침략을 일삼았다. 문명과 야만(미개)이라는 구분에는 문화의 차이를 인정하지 않으려는 발상이 담겨 있다고 볼 수도 있다.

〈표 2-1〉 문화와 문명의 차이

	문화	문명
의미	우리가 생각하고 행동하고 행동하는 방식의 표현을 나타내는 데 사용되는 용어: 경작	지역이나 사회가 인간 발달과 조직의 진보된 단계를 뛰어넘는 과정: 도시화
중심가치	정신작용・정신적 발전 - 가치추구에 의존 - 우리가 무엇인가?	정신의 물질화 및 물질적 발전 - 도구발전에 의존 - 우리가 소유 한 것은?
실생활	종교, 예술, 무용, 문학, 관습, 도덕, 음악, 철학 등	법률, 행정, 기반 시설, 건축, 사회 제도 등
상호 의존성	문화는 문명없이 성장하고 존재가능	문명은 문화없이 존재・성장 불가능

3 문화의 특성

1) 공유성

문화의 공유성은 한 사회의 구성원들이 공유하고 있는 사고방식이나 행동양식을 말한다. 사회 구성원들은 사고와 행동의 동질성으로 인하여 구성원들 간에 특정한 상황에서 상대방이 어떻게 행동한 것인가, 또는 서로에게 무엇을 기대할 수 있는지 예측이 가능하다.

한 사회의 구성원들이 다른 사회와 구분되는 공통의 경험, 신념, 유사한 생활습관이 일정한 틀로 형성될 때 비로소 문화가 된다. 하위문화가 그 좋은 예이다. 예로서 한국인의 고유문화 중 하나는 '눈치' 문화이다. 눈치는 '교수・팀장・시어머니 눈치' 등 대인 관계, 사회생활에서의 감각, 판단력, 이해력, 재치 등을 말한다. 눈치는 '눈치를 채다', '눈치가 있다・없다' 등과 같이 상대방의 마음 등을 상황으로 미루어 짐작하여 알아내는 힘과 '눈치를 주다 · 보다' 등 어떤 태도로 상대방에게 생각하는 바를 드러내는 행동이 있다.

2) 학습성

문화의 학습성은 선천적이나 유전적으로 타고난 것이 아니라 후천적 학습을 통해 얻어지는 것이며 학습을 통해 다음 세대로 전달되는 특성을 말한다. 문화의 학습은 첫째, 주로 그 사회의 언어와 문자에 의해 이루어지고, 둘째, 개인의 사회적 행동이 문화적 환경 속에서 형성되고, 변화를 보이기도 한다. 예로서, 한국의 술 문화는 본인의 술은 본인이 따르지 않고, 상대방이 따라준다. 즉, 상대방이 술을 다 마시면 술을 따라주는 것을 예의로 여긴다. 또한 윗사람과 함께 마시는 경우에는 술을 받을 때나 따를 때 모두 두 손을 사용하고 고개를 돌려 술잔을 비워야 한다.

문화학습의 유형은 첫째, 성인이나 연장자가 어린 가족구성원들에게 어떻게 행동해야 하는지를 가르치는 공식적 학습, 둘째, 어린이가 가족 구성원이나 친구 또는 TV 주인공 등 타인들의 행동을 모방함으로써 이루어지는 비공식적 학습, 셋째, 교육환경(학교 등)에서 개인에게 무엇을 해야 하며, 어떻게 해야 하며, 왜 해야 하는지를 가르치는 기술적 학습이 있다. 동료 등 타인들의 행동 모방을 통한 비공식적 학습은 인간이 동물과 구분되는 요소이다.

3) 축적성

문화의 축적성은 세대 간의 전승을 통해 축적되며 과거의 내용이 그대로 전달되는 것이 아니라 형성된 것으로 새로운 요소가 추가되면서 더 풍부해지는 특성이다. 문화는 축적성으로 인하여 주로 언어나 문자

등 상징체계를 통해 전달되고 축적되어 발전하며, 단순히 후천적 학습을 하는 동물들과 구분되기도 한다. 예로서, 우리 모두의 일부가 된 휴대전화는 전화기, 사진기, MP3, 초고속통신망 등 개별 첨단기술이 발전함과 동시에 반도체, 컴퓨터 등의 기술이 축척되어있기 때문에 만들어질 수 있었다.

4) 변동성

문화의 변동성은 시간의 변화에 따라 형태나 의미, 내용이 변화하는 생활양식으로 끊임없이 발전하고 변동하는 특성을 말한다. 외부로부터 한 사회로 유입된 문화는 그 사회의 배경과 문화접변(文化接變)을 통하여 변한다. 또한 도입되었거나 개발된 새로운 지식이 유용한 것으로 판명되면 전체 사회에 확산되어 혁신이 일어난다. 그런 과정에서 기능을 상실한 낡은 문화요소들은 사멸된다.

문화는 이처럼 정지된 상태로 존재하지 않고 부단히 진화 또는 퇴화의 길을 밟는다. 예로서 여행을 하거나 한 장소에서 다른 장소로 이용할 때는 과거에는 말이나 마차를 타고 다녔으나 현재는 자전거, 오토바이, 자동차, 기차 및 비행기 등을 타고 다닌다. 이러한 변화로 국제간 거래, 투자 및 해외여행 등이 늘어났다. 또한 이동 통신 수단도 삐삐 → 씨티폰 → 휴대 전화 → 스마트폰으로 변화하였다,

모바일 커뮤니케이션 기기와 인터넷인 스마트 폰은 단지 전화만이 아니라 은행거래, 음식배달, 택시 부르기, 길 찾기, 게임기, 텔레비전 등으로 사용하는 긍정적인 사회변화와 함께 사람과 사람 사이의 단절, 아이들의 소통능력부족, 집중력 부족 등의 부정적인 변화를 초래하였다.

5) 총체성(전체성)

문화의 구성요소들은 상호 유기적으로 밀접한 관련을 맺으면서 전체를 이루고 있으므로 문화는 부분이 아닌 전체로서 의미를 가진다. 문화 요소 간의 상호 연관성으로 한 부분이나 요소의 변동이 연쇄적으로 다른 부분에도 영향을 미친다. 예로서 한국의 온돌 주거 문화는 이불, 밥상, 방석, 양반 다리 자세 등을 형성하는데 영향을 미쳤다.

또한 인터넷의 발달은 단순히 정보·통신 기술 분야의 변화만을 가져온 것이 아니라, 산업 구조, 정치 문화, 교육 문화, 상거래 문화 등 생활 전반에 영향을 끼쳤다. 즉, 정보통신 기술이 발달하면서 정보 관리와 사무능력의 효율성이 증가하여, 코로나 19로 인해 전자상거래, 원격 교육, 원격진료, 재택근무를 하는 디지털 근무의 증가를 가져왔다. 말, 마차 등 재래식 운송수단에서 철도, 자동차 등 운송수단 발전은 사람들의 여행 수요의 증거를 가져오고, 장거리 통근 등 및 외곽 쇼핑몰에서의 쇼핑을 가능하게 했다.

〈표 2-2〉 문화의 특성

	내용 및 사례	
공유성	문화는 한 사회 또는 집단의 구성원들이 공통적으로 가지고 있는 생활양식 사례 - 눈치문화	

학습성	문화는 후천적으로 학습된다. 사례 - 어른과 술을 마실 때는 양손으로 술잔을 받쳐서 받고, 얼굴을 옆으로 돌린 후 잔을 비운다,	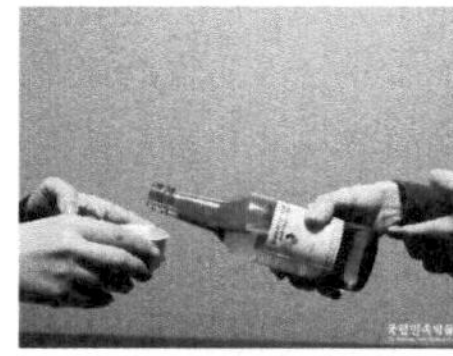
축적성	여러 세대가 이룩한 문화가 쌓여 그 다음 세대에게 전달됨. *사례 - 휴대전화, 초고속통신망 등 첨단기술도 앞서 발명된 반도체 컴퓨터 등의 기술이 축척되어있기 때문에 발달할 수 있다. 예) 발전된 휴대폰	
변동성	문화는 기술의 발전 등으로 문화도 변화함. *사례 - 과거 말이나 마차 → 현재 자동차 이동통신- 삐삐 → 씨티폰 → 휴대전화 → 스마트폰.	
통합성 (전체성)	문화는 물질, 제도, 정신 등 다양한 요소들로 구성되어 있고, 서로 밀접하다. *사례 - 인터넷의 발달은 단순히 정보・통신 기술 분야의 변화만을 가져온 것이 아니라, 산업 구조, 정치・교육・상거래 문화 등 생활 전반에 영향을 끼쳤다. 디지털 노마드 족	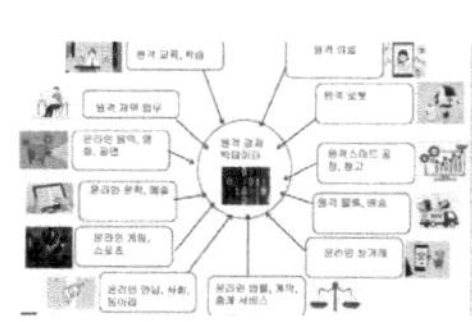

읽어보기 4차 산업혁명과 직업변화

4차 산업혁명에 따른 기술의 발전은 미래의 직업에 큰 변화를 가져올 것이다. 정형화된 업무는 기술(로봇, 인공지능 등)로 빠르게 대체되고, 컴퓨터와 소프트웨어 활용 능력, 데이터 분석 능력이나 컴퓨터화와 자동화될 수 없는 고도의 유연성과 육체적 적응성, 창의성, 공감능력 등이 필요한 직종은 더욱 늘어갈 것으로 예측된다. 또한 수학과 과학을 잘하지 못해도 컴퓨터와 디지털 기술을 잘 이해하고 활용할 수 있는 능력(digital literacy, 디지털 문해력)을 필요로 한다.

연번	직업경	설 명
1	사물인터넷 전문가	가전제품이나 생산설비, 각종 부품(엔진 등)의 사물에 각종 센서를 부착하여 이들 사물이 서로 정보(데이터)를 인터넷으로 주고받도록 하는 기술 환경을 개발 및 구축하거나 사물인터넷 서비스를 기획함
2	인공지능 전문가	사람의 뇌 구조에 대한 지식을 바탕으로 컴퓨터나 로봇 등이 인간과 같이 생각하고 결정을 내릴 수 있도록 알고리즘을 개발함
3	빅데이터 전문가	매우 빠르게 생산되고 있는 거대한 데이터를 실시간으로 수집 및 저장하고, 이 데이터를 분석해 가치 있는 정보를 추출하는 일을 함
4	가상현실/증강현실 전문가	- PD(가상현실/증강현실 콘텐츠기획자) : 가상현실 또는 증강현실 콘텐츠를 기획하거나 시나리오를 작성함. - 프로그래머 : VR/AR 제작용 컴퓨터 툴(Tools)을 사용하여 프로그래밍을 함 - 컴퓨터그래픽디자이너 : 캐릭터나 배경 등 그래픽 영상을 디자인하고 표본으로 만듦. - 그 외 특수장비를 사용해 VR 영상을 전문으로 촬영함
5	생명과학 연구원	생물학, 의약, 식품, 농업 등 생명과학 분야의 이론과 응용에 관한 연구를 통해 다양하고 복잡한 생명 현상을 탐구하고 이와 관련된 기술을 적용
6	정보보호 전문가	IT보안 전문가라고도 하는데, 컴퓨터와 인터넷상의 해킹과 바이러스로부터 디지털 정보를 보호하는 일
7	로봇공학자	서비스 로봇(교육용 로봇, 청소 로봇, 이동용 로봇 등)이나 산업용 로봇(제조용 로봇, 용접로봇, 건설용 로봇 등), 협업로봇(코봇, collaborative robot), 웨어러블 로봇 등을 연구·개발, 제작, 유지·관리
8	자율주행차 전문가	정보통신기술(ICT), 인공지능, GPS (위성항법시스템) 등의 최신 기술을 적용해 안전하게 자율주행이 가능한 자율자동차를 연구하고 개발함
9	스마트팜 전문가	스마트팜 관련 기술과 장비를 개발하고 설치하며, 스마트팜 도입을 희망하는 농업인에게 컨설팅과 교육을 실시
10	환경공학자	공학적인 원리를 활용하여 대기환경, 수질환경, 폐기물환경, 토양환경, 해양환경 등 다양한 환경 문제를 해결하기 위해 각종 연구와 조사를 하거나, 환경영향평가 업무 등을 함

11	스마트 헬스케어 전문가	건강측정기 등 액세서리나 웨어러블 기기를 활용하여 개인이 스스로 운동량, 심전도, 심장박동 등을 체크해 건강을 관리할 수 있는 헬스케어 서비스를 기획하거나 건강관리 어플리케이션을 개발함
12	3D 프린팅 전문가	- 3D 프린터 개발자 : 3D 프린터 또는 부품의 성능 향상을 위한 연구・개발 - 3D 프린터용 재료 기술자 : 3D 프린터에 사용될 다양한 소재와 기능의 재료를 연구하고 생산 - 3D 프린팅 컨설턴트 : 기업이 제품 생산 과정에 3D 프린팅 기술을 접목하고자 할 때 기술자문을 제공
13	드론 전문가	- 드론조종사 : 다양한 형태의 드론을 전문적으로 조종하는 일 - 드론개발자 : 새로운 드론을 개발하거나 성능 향상을 위한 기술개발
14	소프트웨어 개발자	- 시스템 소프트웨어 개발자 : 컴퓨터 또는 컴퓨터가 내장된 로봇이나 산업설비 등 기계장치에 사용되는 컴퓨터시스템의 동작, 제어 및 관리와 관련된 시스템소프트웨어를 개발 - 응용 소프트웨어 개발자 : 컴퓨터시스템을 특정 응용 분야에 사용하기 위하여 제작된 소프트웨어를 개발
15	신・재생에너지 전문가	태양광, 태양열, 풍력, 지열, 수력, 수소, 연료전지, 바이오, 폐기물 등 전문 분야에 따라 에너지기술을 연구하고, 시스템 및 모듈, 부품, 태양광 패널 등 소재 개발, 축전지, 에너지 최적화를 위한 제어시스템 등을 개발

한국고용정보원 보도자료, "4차 산업혁명 시대, 직업 선택 어떻게 할까?", 2019. 4. 5.

4 문화의 구성요소

문화의 각 구성요소들은 상호 작용한다. 각각 독립하여 존재하는 것이 아니라 서로 연관되어 있다. 문화의 구성요소란 한 사회의 문화에서 총체적으로 나타나는 독특한 문화복합체를 설명하는 기본요소로서 그 유형으로는 기술, 언어, 가치, 규범, 상징, 예술 등이 있다. 개별문화요소들은 그 자체로도 다양한 문화 형태를 만들어 내지만 이것들은 서로 영향을 미치면서 한 사회의 문화를 만들고, 사회구성원에게 영향을 미친다.

〈표 2-3〉 문화의 구성요소

구분	의미	특징
기술	• 인간의 욕구나 욕망에 적합하도록 주어진 대상을 변화시키는 인간의 모든 행위 • 주어진 자연 환경에 적응하여 의식주 해결 및 삶의 질을 개선하기 위한 도구, 기계, 능력 등을 발전	• 새로운 문화를 창조하기 위한 발명의 영역에서 중요한 위상을 차지함 • 초기 기술 : 기본적인 생리적 욕구를 충족 • 현대 기술 : 인간의 신체적 한계와 시공간의 제약을 벗어나 정보 교환 및 이동 가능
언어 문자	• 언어와 문자 - 대표적인 상징, 의사를 표현하거나 정보를 저장하는 수단 • 생각이나 느낌을 전달하기 위하여 사용하는 음성과 문자 그리고 몸짓 등의 수단	• 인류를 다른 동물과 구별하여 주는 특징 • 문화를 기록하거나 후세에 전달하는 데 결정적인 역할을 함
상징	• 본래 지닌 특징 이외의 다른 어떤 것을 의미하거나 대표하는 것(상징 : 언어, 문자, 숫자, 음표, 각종 기호 등) • 인간은 상징을 사용 => 의미 전달 및 문화 전수 • 집단 간의 경계를 정하고, 집단에 소속되는지의 여부를 판단하는 기준(예 : 야구감독의 사인)	• 인간에게만 부여된 고도의 정신작용 • 문화를 구성하고 매개하는 역할 ☞ 빨간색 : 정열, 위험, 혈액 등 의미부여 각종 스포츠를 나타내는 심벌들 

<table>
<tr><td>예술</td><td>• 인간의 창의력과 아름다움을 표현하는 활동과 그 결과물로서의 예술작품
• 예술은 인간의 고유한 영역으로 여김</td><td>• 예술 행위를 통해 문화 창조
• 예술을 통하여 아름다움과 창조에 대한 욕구 표현, 자신의 감정이나 상상을 다른 사람과 공유</td></tr>
<tr><td>가치</td><td>• 사회 구성원의 행동을 지배하는 신념이나 감정 체계
• 옳고 그름과 좋고 나쁨에 대하여 사람들이 가지는 신념</td><td>• 인간 행동의 기본적인 방향을 결정하는 힘
• 사회의 다양한 문화 현상에 영향을 미침
• 한 사회집단의 성격을 규정
• 행동의 일반적인 방향에 대한 신념</td></tr>
<tr><td rowspan="2">규범</td><td>• 사회의 구성원들이 공유하는 행위의 기준·규칙
• 생활 영역에서의 체계화된 행동지침</td><td>• 규범을 따르는 경우에는 사회생활이 순탄하게 이루어지지만, 이를 어기는 경우에는 사회적 제재가 따름</td></tr>
<tr><td colspan="2">• 규범의 종류
① 민습(folkways) : 일상에서 자연스럽게 행하는 상식이나 관습
☞ 옷을 입는 방식, 숟가락을 사용하는 법 등 습관화되어 무의식적으로 준수하는 경우가 많음
↳ 이를 어겼다고 법률상의 처벌이나 윤리적 비난을 받지 않음
② 원규(mores) : 사회가 합의해 놓은 도덕률 (= 장유유서, 충효의 원리 등)
☞ 원규를 어기는 사람 - 비도덕적인 사람으로 사회적 비난을 받게 됨
③ 법률(laws) : 명문화되어 있는 사회규범
☞ 사전에 정해진 공식절차에 따라 제정되며, 공식 전담기구에 의해 집행
④ 에티켓(etiquette) : 시간과 장소, 상대적의 지위나 신분에 따라 요구되는 구체적인 예의범절
☞ 품성이나 교육 수준을 나타내는 기준(= 예절, 예의)</td></tr>
</table>

읽어보기 **아이가 태어나면 금줄을 치는 이유를 외국인들은 이해할까?**

우리나라에는 아이가 태어나면 대문 앞에 금줄을 걸어 놓는 풍습이 있다. 아들이 태어나면 새끼줄에 고추, 숯, 짚 등을 매달고, 딸이 태어나면 숯, 미역, 솔잎, 종이 등을 매달아 아기의 성별을 알린다. 금줄이 걸린 집은 삼칠일(21일) 동안 출입이 제한된다.

금줄로는 왼쪽으로 꼬아진 왼새끼를 사용하는데 그 이유는, 악귀가 아기에게 접근하기 위해서 집안으로 들어오려고 할 때, 이 왼새끼줄과 마주친다. 그런데 새끼줄은 오른쪽으로 꼬기 때문에 악귀는 왼쪽으로 풀면 새끼줄을 풀 수 있다고 생각한다. 그러나 왼쪽으로 꼬면 새끼줄은 절대 풀리지 않고 결국 악귀는 그 집에 들어가는 것을 포기하고 돌아간다는 것이다.

이런 전통 문화를 공유하고 있는 우리나라 사람들은 금줄이 걸려있는 것만 보아도 그 집에 아이가 태어났음을 알지만 외국인은 이러한 문화를 이해하지 못한다.

생각나눔

코로나 팬데믹으로 앞당겨진 4차 산업혁명 시대가 우리들의 생활을 변화시킨 사례와 우리들에게 미치는 긍정적 효과와 부정적 효과에 대해 각자의 의견을 이야기 해보기.

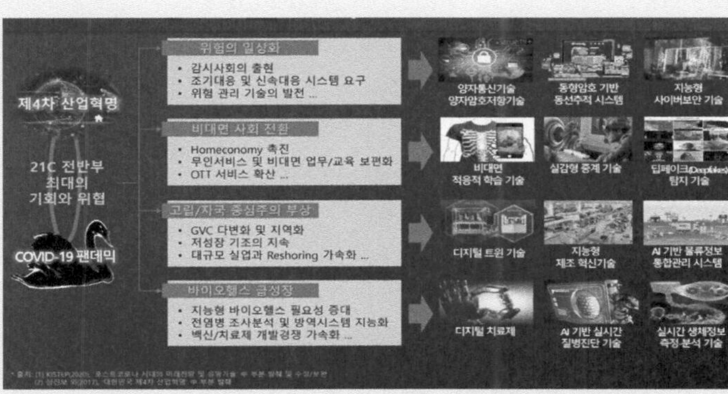

자료: 심진보, 제4차 산업혁명과 포스트코로나 시대의 디지털 기술트랜드, 한국전자통신연구원

제2절 문화에 대한 태도

1 문화의 다양성

사회마다 다양하거나 독특한 문화적 특성은 오랜 세월에 걸쳐 축적되어 온 생활의 결과로 그 사회의 구성원들에게는 가치있고 의미있는 것이다. 각 사회의 문화는 자연환경 및 사회 환경의 차이로 그 목적은 같지만 문제를 해결하는 방식이 다르고, 한 사회 속에서도 지역과 계층에 따라서 문화적 차이가 발생한다.

전 세계적으로 살펴보았을 때 인류는 매우 다양한 문화를 가지고 있다. 어느 사회에서는 상상조차 할 수 없는 일이 다른 사회에서는 전통적 문화로 자리잡고 있는 경우도 있다.

〈표 2-4〉 문화 다양성의 유용한 점과 불리한 점

유용한 점	불리한 점
• 다양한 의견 · 여러 측면의 관점 · 새 아이디어에 대한 폭넓은 수용 · 다각적 인식과 해석 • 문제해결에 대안 증가 · 창조성 증가 · 유연성 증가 · 문제해결 방법 증가 • 외국인에 대한 이해 • 외국인 고객과의 관계증진 • 외국의 정치, 문화, 법률, 경제 등에 대한 이익	• 이질성 증가 · 모호성 증가 · 복합성 증가 · 혼동 • 의견통일의 어려움 · 합의달성의 어려움 • 행동일치의 어려움 · 실천행동 결정의 어려움 • 지나친 일반화(스테레오 타입) · 전략수립시의 오류 · 실행결정시의 오류 · 실천과정에서의 오류 • 자기문화 우월주의

2 문화에 대한 태도

문화를 바라보는 태도는 다양하다. 세계에서 서로 다른 문화가 수없이 존재하고 한 사회 내에도 다양한 문화가 존재한다. 예로서, 인사를 할 때 악수를 하는 사람, 코를 비비는 사람, 포옹을 하는 사람, 고개를 숙이거나 몸을 숙이는 사람 등에서 볼 수 있듯이 상대방에게 반가움과 존경을 표현하고자 하는 마음은 같지만 그 표현 방식은 지역에 따라 각각 다르게 나타난다.

각각의 문화는 그들만의 고유의 특성과 가치를 가지므로 우열을 비교할 수 없다. 따라서 사람들은 자신이 속한 문화뿐 아니라 다른 사회나 집단의 문화를 접할 때 여러 가지 관점에서 그 문화를 바라보게 된다.

최첨단 정보통신기술의 발전과 인터넷을 통한 국가 간 교류가 확대되면서 어느 일방의 문화를 추종하거나 종속시키는 것이 아니라 보편적 문화상대주의가 공감을 얻어가고 있다. 이는 지구촌에 존재하는 문화유산은 세대를 이어가면서 새롭게 재탄생하거나 각 영역에서 홀로 존재하는 것이 아니라 다른 영역과 긴밀히 연계되면서 우리의 삶에 영향을 미치고 있기 때문이다.

21세기 우리에게 요구되는 문화적 가치는 다양한 문화적 가치를 존중하고 '틀림'이 아닌 '다름'의 문화다양성을 이해하는 것, 우리의 문화가 소중한 만큼 타 문화의 소중함을 깨닫고 세계의 문화를 지키고 보존하여 미래의 인류에게 전달하는 것, 그리고 지구촌 문화공동체의 복원과 상생을 위한 협력을 강화하는 것이 필요하다.

1) 문화 상대주의

문화상대주의는 도덕적 상대주의와 인식적 상대주의 관점으로 살펴볼 수 있다. 전자는 문화적 맥락에서 가치체계에 따라 특정 행위나 사상에 대하여 옳고 그름이나 좋다/나쁘다의 판단을 말한다. 후자는 사람들은 자신을 둘러싼 환경적 배경에 따라 세계관과 사물관을 상대적으로 파악한다는 것을 말한다. 다원주의적 시각에서 문화는 그 문화가 속한 사회에서 매우 중요하다. 그 문화를 올바로 이해하려면, 문화의 상대성을 인정하고, 그 사회의 맥락에서 평가하고 이해해야 한다. 이러한 태도는 오늘날 개방적인 사회에서 다양한 문화를 올바르게 이해하는 기준이 되기 때문에 더욱 중요하다고 볼 수 있다.

① 세계 문화의 다양성 인식
② 각 문화는 그 문화의 독특한 환경과 역사・사회적 상황에서 이해
③ 각 문화의 가치를 인정하고 존중해야 한다는 태도
④ 결코 어떤 특수한 가치관으로 타문화를 평가하거나 강요해서는 안된다는 태도

참고 문화 상대성의 사례

- 한국 사람들은 개고기를 즐겨 먹지만 달팽이 요리는 즐기지 않으며, 프랑스 사람들은 달팽이 요리를 좋은 음식으로 생각하지만 개고기는 못 먹는 것으로 생각한다.
- 힌두교에서는 쇠고기 먹는 것을 금하고, 이슬람에서는 돼지고기 먹는 것을 금한다.
- 한국 사람들은 밥그릇을 밥상 위에 놓고 숟가락으로 먹지만, 일본 사람들은 밥그릇을 손으로 들고 젓가락으로 먹는다.

읽어보기 문화상대주의 오해와 남용

다른 문화를 이해하기 위한 '방법론으로서의 문화 상대주의'에 반대하는 사람들은 그리 많지 않은 것 같다. 그런데 우리 주위에는 다른 문화를 이해하기 위하여 그들의 관점에서 문화를 바라보아야 한다는 점에서는 문화 상대주의에 동감하면서도, 윤리적 상대주의를 문화 상대주의와 동일시하거나 그 논리적 귀결로 간주하면서 문화 상대주의를 비판하는 사람들이 많이 있다. 이들은 윤리적 상대주의를 문화 상대주의의 논리적 결과로 생각하여, 문화 상대주의의 입장을 취하면 결국 절대적으로 옳은 것도 없고 또한 그른 것도 없는 상태, 즉 회의주의에 빠지게 된다고 주장하기도 한다.

문화 상대주의는 자신과 다른 문화가 인간 본성의 또 다른 표현이라는 전제에서 자기 중심적인 섣부른 가치 판단을 금지하고 그 문화 구성원의 시각에서 이를 이해할 것을 요구하고 있으며, 그러한 의미에서 윤리적 회의주의나 선악 불가지론이 아니라 일종의 엄격한 윤리적 원리라고 할 수 있다.

종종 윤리적 상대주의와 혼동되기도 하지만, 문화 상대주의는 약자인 비유럽인 집단의 문화 규범과 가치를 존중해 줄 것을 요구하였으며, 강자인 유럽에 대해서는 자신들의 규범과 가치의 문화적 상대성을 인식하고 이를 약자에게 강요하지 말 것을 요구하였다. 즉, 문화 상대주의의 요점은 "세상에는 옳은 것도 없고 그른 것도 없다."는 윤리적 회의주의를 의미하는 것이 아니라, "미국 중산층의 가치는 미국 중산층에 대해서는 타당하지만, 이를 다른 문화에 일방적으로 강요하면 안 된다."는 것이다. 물론 이러한 관용적인 태도는 일방적인 것이 아니며, 궁극적으로 모든 문화에 필요한편, 극단적 상대주의는 인류의 보편적 가치를 벗어나는 형태에 대해서는 문화 상대주의를 적용하여 용납하는 태도를 가리킨다. 명예 살인과 같은 극단적 상대주의는 인간의 생명, 존엄성과 같이 대다수 사람들이 소중하게 생각하는 가치를 훼손할 우려가 있다.

읽어보기 네덜란드 수상 루버스(Ruud Lubbers)는 중국 방문

1990년대 초 네덜란드 수상 루버스(Ruud Lubbers)는 중국 방문을 앞두고 중국인의 문화에 대한 정보를 자세하게 수집했다. 그는 중국인들에게 줄 선물을 준비해 갔으며, 중국인들은 선물을 받으면 그 자리에서 풀어보지 않는다는 사실을 알고 있었다.

그러나 유럽의 선물 문화를 잘 알고 있던 중국인들은 선물을 받자마자 그 자리에서 풀어보았던 반면, 루버스 수상은 중국 측이 준 선물을 풀어보지 않았고, 그의 이러한 행동은 중국인들을 실망시켰다.

상대방의 문화를 지나치게 의식하여 발생한 바람직하지 않은 해프닝으로 상대방 문화에 대해 서로를 지나치게 배려해서 생긴 사건이었다. 양측은 모두 상대방을 배려하고자 자신의 가치를 버렸던 것이다.

도식화된 생각에 빠져있는 사람은 다른 문화에 대한 편견을 갖고 상대방을 섣불리 재단하는 우를 범한다.

2) 문화의 절대주의

(1) 자문화 중심주의(= 자민족 중심주의, 문화적 제국주의, 국수주의)

자문화 중심주의는 자기 민족을 중심으로 해서 사물이나 현상을 보는 관점으로, 모든 다른 집단이나 사람들을 자기 민족을 기준으로 측정하고 평가하는 것을 의미한다. 이는 자기 민족만의 고유한 정서를 형성하며, 자기 문화를 좋은 것으로 생각하는 자애(自愛)의 경향이 강해 다른 나라에 자신의 문화를 강요하고, 다른 나라를 침범하기도 한다.

섬너(Sumner)는 자문화 중심주의를 '자신의 집단의 기준을 절대시하여 모든 것의 중심으로 놓고, 다른 모든 문화를 그 기준에 맞추어 평가하는 생각'이라고 정의하였다. 이러한 자문화 중심주의로 말미암아 다른 문화나 다른 집단에 대해 우월감을 과시하거나 적대감을 가지게 된다.

볼드릿지(Baldridge, J. V.)는 자문화 중심주의의 극단적인 예로 문화적 제국주의를 든다. 이는 정복, 경제적 침탈, 정치적 식민화 과정에서 자문화를 다른 사회에 강요하는 것이다.

예로서, 조선의 체제를 유지하며 청을 제외한 일본 및 서양 세력과는 통상하지 않는 쇄국 정책, 중국을 중심으로 하여 전 세계로 널리 퍼져야 한다는 중화사상, 로마가 정복지에 종교·경제 제도를 강요한 십자군 전쟁, 히틀러의 유대인 학살사건, 미국 정부가 인디언을 정복한 후, 인디언의 풍속과 종교를 사교(邪敎)라 하여 무시하고, 백인의 종교관과 가치관을 불어넣은 인디언 말살정책 및 프랑스 여배우 바르도가 행한 한국의 개고기 식용문화 비판 등등이 있다.

문화제국주의는 특정 지역의 문화가 경제력이나 군사력을 바탕으로 다른 지역의 문화적 특징을 파괴하거나 영향력을 미쳤다. 예로서, 19-20세기에 유럽의 강대국들이 라틴 아메리카, 아프리카, 아시아 등을 지배하고, 자국 문화를 강요하거나, 오늘날 부강한 나라가 자본과 기술을 앞세워 자신의 문화를 강제적으로 다른 나라의 문화 속에 침투시켰다.

〈표 2-5〉 자문화 중심주의 사례

흥선대원군 쇄국정책

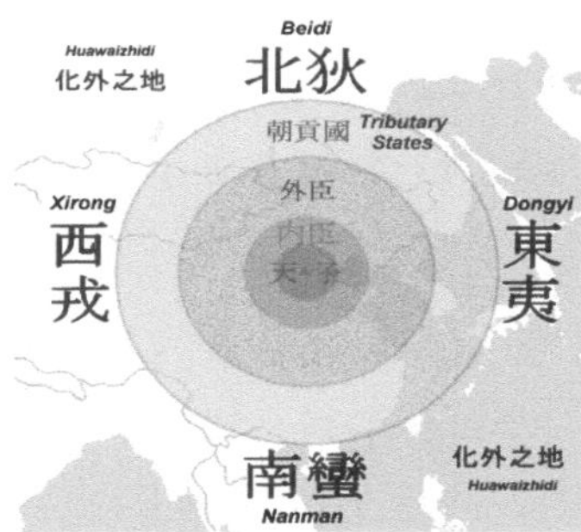

중국 중화사상

로마의 십자군전쟁

히틀러의 유대인 학살

인디언 말살정책

개고기 식용 비판

(2) 문화 사대주의

문화적 사대주의란 다른 사회의 문화만을 좋은 것으로 믿고 그것을 동경하거나 숭상하는 나머지 자기의 문화를 업신여기거나 과소평가하는 것을 말한다. 문화 사대주의는 다른 사회의 문화가 가진 가치를 과도하게 높이 평가하고, 자신의 문화가 가진 가치를 제대로 인식하지 못하는 결과를 낳게 한다.

문화적 사대주의는 자신의 문화가 가진 낙후성을 개선하는 데 도움이 되지만, 자기 문화의 주체성을 상실함으로써 고유한 문화가 소멸되는 결과로 이어지기도 한다. 문화사대주의는 특정 브랜드를 입고 소유함으로써 자신의 사회적인 지위를 높일 수 있다는 맹목적 명품선호주의, 서구적 미인이나 미남을 선호하여 지나친 성형 열풍이나 외모 지상주의 및 우리말 대신 영어를 사용하면 뭔가 더 고급스러워 보이고 세련돼 보인다고 생각하는 영어지상주의 등은 문화 사대주의 예이다.

개인적 차원으로는 문화를 보는 시야를 더 확장시키고 서양 문화의 무조건적 수용이 아닌 비판적으로 수용하는 자세를 길러야 한다. 또한 우리나라의 역사와 전통에 대한 이해와 자부심을 가져야 한다.

〈표 2-6〉 한국의 사대주의 사례

무분별한 아파트 이름	외국 명품 구입 줄서기

공공기관 외국어 남발

조선 선비 한글반포반대

서울시 하나님께 봉정

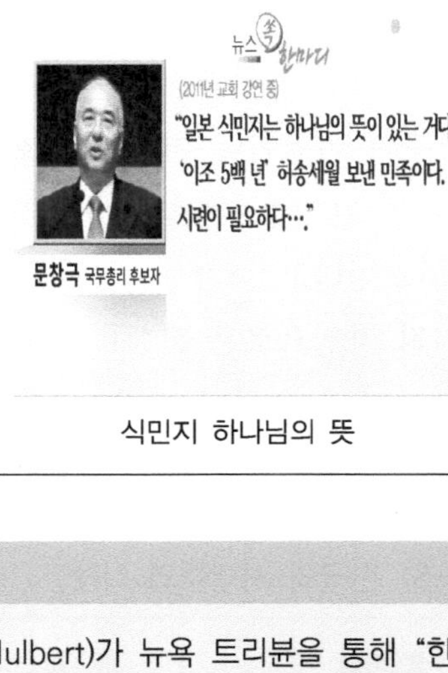

식민지 하나님의 뜻

생각나눔

1899년 미국인 호머 헐버트(H. B. Hulbert)가 뉴욕 트리뷴을 통해 "한글은 완벽한 문자"라고 극찬하고, 방탄소년단을 비롯한 한류로 세계 각지에서 한글과 한국어를 공부하는 있는데 정작 우리는 한국의 우수성을 모르는 모순 속에 살고 있다.

지자체나 공공기관에서 실시하는 사업명에 '주니어 스타트업 엑셀러에이션', '피스앤라이프존페스티벌', 'YG 밀리터리 페스타' 언뜻 들어선 의미를 전혀 알 수 없는 이름, 루센티아, 그라시움, 아르테온, 루체하임, 블레스티지, 리센츠, 트리지움 등 도대체 무슨 뜻인지도 모르는 아파트 이름 등에 대하여 여러분의 생각은 어떠한지?

생각나눔 **중국의 문화공정**

2022 베이징 동계올림픽 개막식에 한복을 입은 소녀의 등장으로 한국과 중국 간 문화적 갈등이 발생하였다. 한국은 '한복공정'이라며 문화 왜곡과 다를 바가 없다는 비난 여론이 들끓은 반면 중국은 소수민족인 조선족을 대표하기 위해 등장시켰다고 하였다. 현재 중국의 일부 네티즌들은 김치, 아리랑, 한복 등등 한국의 고유문화를 중국 것이라고 하면서 문화 침탈을 하고 있다.

이러한 문화공정은 문화혁명 당시 마오쩌둥의 홍위병과 같은 집단인 '소분홍(小粉紅·샤오펀훙; 1990년대생 '주링허우'와 2000년대생 '링링허우'가 주축으로 분홍색 배경화면 웹사이트에서 유래)'을 중심으로 맹목적으로 이루어지고 있다.

문화를 바라보는 태도 관점에서 중국의 문화공정의 개념, 배경, 사례 및 이에 대한 우리의 대응방안에 대하여 각자의 생각은?

한국 한복과 중국 한푸

한국 김치와 중국 파오차이

3 문화를 이해하는 관점

1) 총체론적 관점

총체론적 관점은 전체적인 맥락에서 이해하려는 관점으로 문화현상을 한 측면에서만 부분적으로 이해하지 않고, 다른 문화 요소들과의 상호관련성을 파악하여 전체적인 맥락 속에서 이해하려는 태도를 말한다. 이러한 관점은 문화는 체계성을 가지며 문화의 각 부분은 상호 밀접한 유기적인 연관을 맺으며 전체로서 존재하기 때문에 필요하다.

2) 상대론적 관점

상대론적 관점은 어떤 사회의 문화를 그 사회의 독특한 자연환경과 사회적 역사적 맥락 등을 고려하여 객관적으로 이해하려는 태도로서 문화의 우월성을 가리지 않고 문화의 다양성을 인정한다. 이러한 태도는 글로벌 환경에서 모든 문화에 대한 객관적인 검토가 가능하다. 즉, 문화의 상대성을 인정하는 것과 함께, 인간이 누려야 할 보편 윤리에 대한 기본적인 통찰과 경계의식을 유지함으로써, 극단적인 문화 상대주의를 지양해 나가는 것이 교양인으로서 올바른 문화 이해의 태도일 것이다.

읽어보기 **각국의 성인식**

'성년의 날'이 1월 15일
기모노는 보통 성인이 된 것을 축하하는 의미에서 부모들이 주로 딸에게 사주는 선물

자신이 학생이었던 시절을 벗어 던지고 이제는 당당한 성인이 된 기쁨 표현

중국 '꺼'라는 부족 가혹한 성인식
소녀가 14살이 되면 마을 청년과 하룻밤을 보내야 함. 그렇게 하루 밤을 보내고 나면 소녀 머리에 두른 댕기로 처녀와 소녀임을 구분

아프리카 '하마르족' 성인식
여성들이 남성들에게 회초리를 맞는 '채찍 의식'
남성들은 소 등 위에 발가벗은 '소 등 뛰어넘기'라는 관문

발리의 마을
매년 5월에서 6월 사이에 하는 삼바 축제에서 두 남성이 구애를 하기 위해서 결투

나이지리아의 Wodaabe 부족은 9월에 성인식
남자들은 여성들처럼 예쁘게 치장

3) 비교론적 관점

비교론적 관점은 각 문화 간 보편성과 특수성을 이해하려는 관점으로서 최근 국제협상 및 국제경영학 분야에서 많이 논의되고 있다. 자신의 문화를 낯설게 보는 효과가 있으며, 자신의 문화에 대한 보다 객

관적이고 비판적인 시각을 기를 수 있고, 다른 문화에 대한 바른 안목을 가질 수 있다.

	내용 및 사례
총체론적 관점	• 특정 문화를 사회의 구성 요소와 관련지어 이해하려는 관점 • 문화 현상을 부분적으로 바라본다면 편협하고 왜곡될 수 있음 • 사례 : 인도에서 소를 잡아먹지 않는 것은 농경 사회에서의 필요성 때문임
상대론적 관점	• 문화의 특수성을 인정하고 문화를 그 사회의 기준으로 이해하려는 관점 • 문화는 그 사회의 자연 및 역사적 환경에서 산출된 결과임 • 사례 : 프랑스인들은 개고기를 먹지 않지만, 한국인들에게 개고기를 먹는 것은 자연스러운 현상임
비교론적 관점	• 두 지역 이상의 문화를 비교하여 문화 간의 보편성과 특수성을 이해하려는 관점 • 사례 : 한국과 미국의 가족 제도를 비교하여 각국 문화의 공통점과 차이점을 이해하고, 다른 문화에 대한 이해의 폭을 넓힘

생각나눔

얼굴 전체를 가리는 이슬람베일(부르카, 니캅) 착용금지법

무슬림 여성의 부르카(전신을 가리는 전통의상), 니캅 착용을 금지하는 내용을 담은 법안이 2010년 7월 13일(현지시간) 프랑스 하원을 통과하였다.

얼굴을 알아볼 수 없는 베일을 착용하도록 강요한 사람에게는 1년의 징역과 3만 유로의 벌금, 착용한 여성에게는 150유로의 벌금을 부과하도록 되어 있어 착용을 한 당사자보다 착용을 강요하는 측에 더 큰 책임을 묻고 있다.

부르카 금지법 찬성측

부르카 금지법을 시행하고 있는 유럽 국가들과 우파 정치인들이 내세우는 명분은 부르카 등 이슬람식의 베일이 무슬림 여성들을 억압한다는 것과 얼굴과 몸을 가리고 다니는 이들로 인해 보안에 문제가 생길 수 있다는 것이다.

부르카 금지법 반대측

무슬림 여성들은 부르카 등을 착용할 자유를 빼앗는 법안이 자신들을 억압한다며 반발하고 있어 부르카 착용 금지는 결국 반이슬람 정서를 나타내는 것이라고 주장한다. 보안상 이유 역시 이슬람식 베일이 아닌 마스크나 모자 등을 착용하는 것을 금지하는 것이 상식에서 벗어난 일임을 감안할 때 핑계에 지나지 않는다는 것이다.

여러분의 생각은 찬성 또는 반대?

장성구 기자 surggu@yma.co.kr/20100505

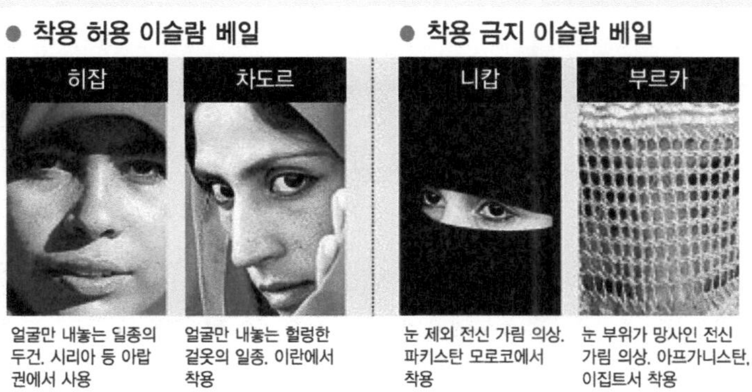

자료 : 연합뉴스 및 주간경향(2011.10.11., 제945호), '입어라 vs 벗어라' 부르카 논쟁 가열 (https://www.youtube.com/watch?v=m8u4ooEXIkg); http://weekly.khan.co.kr/khnm.html?mode=view&dept=117&art_id=201110051136281

제3절 문화의 변동과정

1 문화의 변동과정

문화는 인간생활과 관련된 복합적 총체로서 비물질적인 것뿐만 아니라 물질적인 것을 포함하여 수많은 부분들이 모여 하나의 전체를 이루고 있다. 문화는 항상 고정불변해 있는 것이 아니라 변동하는 본질적 속성을 가지고 있다.

문화과정이란 한 사회의 문화체계를 구성하고 있는 부분들, 또한 문화요소들이 시간을 통하여 끊임없이 상호작용을 계속해 나가는 과정으로서 '문화의 냇물(stream of culture)이라고도 한다. 한 사회의 문화를 구성하고 있는 문화요소들은 상호 의존적이고 상호 보완적인 관계 속에서 문화체계를 이루고 있다.

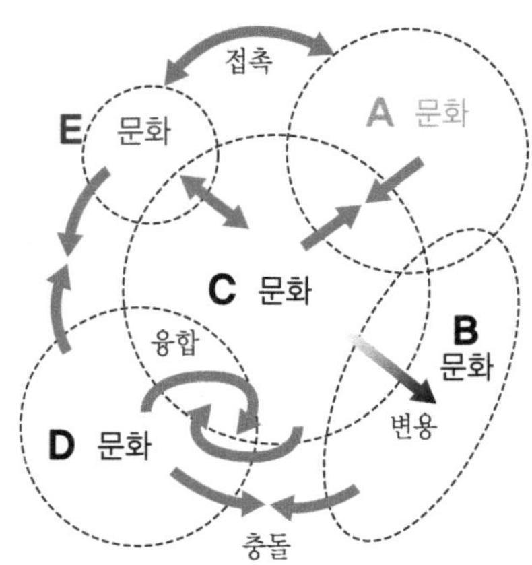

[그림 2-2] 문화의 적응과 변동과정

문화요소들은 서로 간에 상호 보완적 관계에 있기 때문에 한 문화요소에 변화 요인이 생기면 전체 체계가 변하게 되는 것이다. 이러한 과정을 문화과정이라고 한다. 문화과정에서 일어나는 부분들 간의 상호작용 결과로 어떤 요소들은 소멸되기도 하고 새로운 방향으로 변하기도 한다.

2 문화 변동 요인

1) 발명과 발견

발명과 발견은 문화변동을 촉진하는 주요한 요인으로 작용하고 있다. 문화변동의 첫 번째 요인은 발명과 발견이다. 발명은 이미 존재하는 문화요소들이 종합되거나 변형되어 새로운 형태의 물건 혹은 행동으로 나타나는 것을 의미한다. 인류는 일찍이 수십만 년 전 선사시대(先史時代)부터 돌과 나무, 그리고 끈을 활용한 각종 도구를 만들어 생활하며 의식주를 해결해왔다.

새로운 기술은 새로운 문화를 만든다. 증기기관은 산업혁명을 통해 자본주의 문화를 태동시켰고, 디지털기술은 디지털문화를 낳았다. 기술적 트렌드나 과학기술변동의 흐름을 잘 읽으면 문화의 변화방향을 읽을 수 있다.

발견은 이미 존재하는 사물이나 사실 중 아직 알려지지 않은 것을 찾아내는 것을 말한다. 불의 발견은 인간이 일정한 장소에서 생활하고 공동 사회를 형성하게 하였으며, 음식물을 익혀 먹도록 하는 식생활의 변화를 일으켰다. 커피의 발견은 단순히 음료수에서 사람들 사이의 관계를 형성하게 하는 매개체 역할을 하였다.

〈표 2-7〉 인류의 대변화를 일으킨 발명품 예

<table>
<tr><td colspan="2">
바퀴
기원 3,500년전 발명된
이후 운송 혁신 가능</td></tr>
<tr><td>

숫자
수량을 언어의 상징적
기호로 표현 가능</td><td>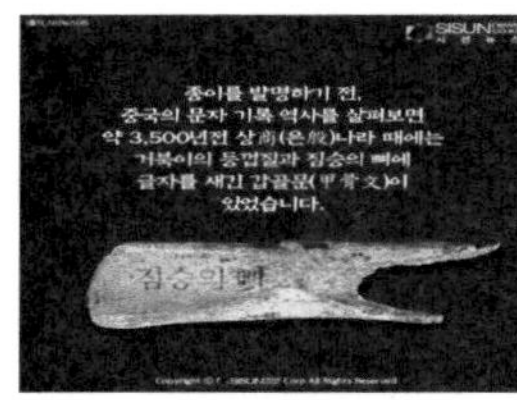

종이
지식 전달의 매개체로
학문과 문화, 예술의 혁신</td></tr>
<tr><td>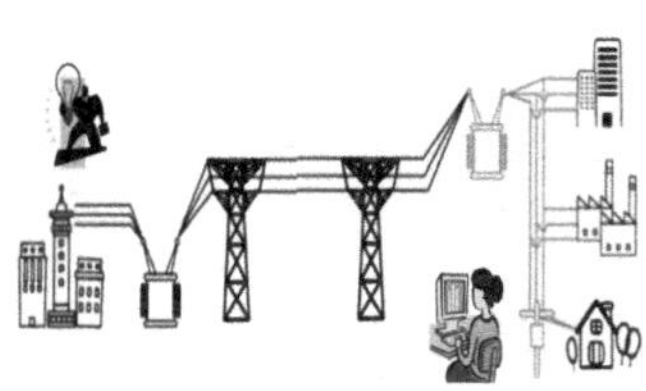
전기
생활전반과 기업의 생존,
국가와 지구촌 글로벌 사회의 생명줄</td><td>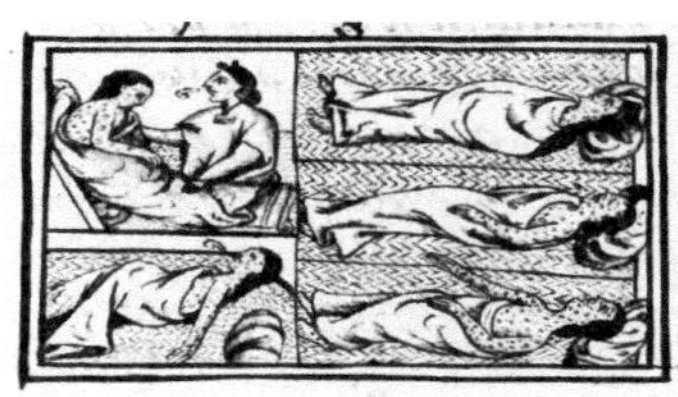
백신
인류 최악의 질병 퇴치 및
고통에서 구원</td></tr>
<tr><td>
콘돔
에이즈 등 성병예방 및
건강한 성관계 가능</td><td>

나일론
칫솔의 브러쉬 사용으로 구강건강 및
의복혁명</td></tr>
</table>

한글창제
누구나 쉽고 간편하게
의사소통가능

스마트 폰
통신기기에서 생활 및
산업전반에 걸친 변혁

2) 문화의 전파

문화전파(diffusion)란 문화의 구성요소인 관습·신앙·도구·기술·설화 등과 같이 물질적이건 비물질적이건 간에 한 민족이나 지역에서 다른 민족과 지역에 전해져 그 사회의 문화과정에 통합되어 정착하는 현상을 말한다.

문화 전파의 종류는 문화 확산과 문화 이식이 있다. 문화 확산은 문화가 한 지역에서 다른 지역으로 서서히 전파되는 현상이다. 아프리카 커피의 전 세계로의 확산과 미국 청바지 문화의 전 세계로의 확산 등의 사례가 있다. 문화 이식은 식민 지배나 전쟁 등을 통해 일정한 거리를 뛰어넘어 문화가 다른 지역에 빠르게 전해지는 현상이다. 과거 신항로 개척을 통해 유럽 문화가 라틴 아메리카를 비롯한 신대륙에 전파된 사례가 있다.

문화전파는 전파 과정에 따라 직접전파와 간접전파, 자극전파가 있다. 직접 전파란 전쟁, 정복, 결혼, 국가 간 사신 교류 등 사람이 다른 문화와 직접 접촉하여 전파가 이루어지는 경우를 의미한다. 간접 전파란 인쇄물, 텔레비전, 인터넷 등과 같은 매개체를 통해 간접적으로 이루어지는 전파로 최근 정보 통신 기술의 발달로 간접 전파가 늘어나고 있다. 자극전파는 다른 문화에 속한 문화요소에서 아이디어를 얻어 새로운 발명이 일어나는 것을 의미한다.

문화전파는 하나의 문화체계 안에서도 일어난다. 문화의 전파는 단지 특정한 문화 요소의 전파로만 끝나는 것이 아니라 그것이 받아들이는 사회의 문화과정에 등장하여 이미 존재하는 문화요소들과의 상호작용 과정에 들어가면서 새로운 혁신을 유발시키고 있다.

〈표 2-8〉 문화전파 유형

	개념	사례
직접전파	다른 문화에 직접 접촉에 의한 변화	불교 등 종교, 문익점 목화씨, 커피
간접전파	매체를 통한 타 문화 접촉에 의한 변화	한류, 드라이브 스루 진단
자극전파	다른 문화에 자극받아 자체적으로 변화	커피믹스, 밥버거

3) 문화접변

문화접변(acculturation)이란 2개의 상이한 문화가 접촉하는 과정에서 문화요소들이 변화하는 과정을 가리킨다. 문화 간 접촉은 전파를 수반하고 있다. 문화접변은 자발적 혹은 강제적으로 일어난다. 일제 식민지 때 여자들에게 강제적으로 몸빼 바지를 입히려고 했던 사례처럼 무력정복이나 식민지화 등으로 강제적인 문화접변을 강행하여 전파문화와 피전파문화 간에는 심한 갈등이 발생한다. 문화접변은 새로운 유형의 문화를 창조하는 긍정적인 결과를 갖는 반면 피전파문화의 자율성이나 독창성을 상실케하는 부정적 효과를 초래하는 양면성을 갖고 있다.

(1) 문화공존

문화공존은 문화의 접변으로 문화가 변동하는 과정에서 새로운 문화 요소와 기존의 문화 요소가 고유한 성격을 잃지 않고 한 사회 내에서 함께 존재하는 경우를 말한다. 예로서, 식민지 경험이 있는 나라에서 모국어와 지배국의 언어를 같이 사용하거나(필리핀; 고유언어인 타갈로그어와 영어), 우리나라에서 고유 한의학과 서양 의학이 공존하거나, 미국 LA의 코리아 타운이나 한국 내 차이나 타운 등과 같이 특정 지역에 두 개 문화 지역이 존재하거나, 대형 마트에서 쇼핑몰을 운영하는 것 등을 들 수 있다. 문화공존 상황에서는 서로 다른 문화의 내용을 깊이 이해하는 것이 아니라 문화적 차이가 분명하기에 다른 것을 인정하면서 공존하는 방식을 찾아가는 것이 필요하다.

(2) 문화융합

문화융합은 2개의 문화가 거의 전면적인 접촉과정에서 제3의 문화 체계를 형성하는 것이다. 예로서, 스페인 문화와 인디언 문화가 혼합된 멕시코 문화, 동서양의 문화가 만난 간다라 불상으로 석굴암 불상이 탄생, 퓨전음식이나 아파트의 바닥 난방 등을 들 수 있다. 문화 융합은 최근 모바일 비즈니스나 플랫폼 비즈니스를 통해 많은 새로운 아이디어를 제공하기도 한다.

(3) 문화동화

문화동화는 한 문화가 다른 문화의 방향에 적응하는 것이며 어떤 의미에서는 일반적인 흡수라고 볼 수 있다. 미국의 인디언들이 자신들의 고유한 문화를 잃어버리고 백인 문화에 완전히 흡수되거나, 일제 식민지 시대 여성들에게 강제로 몸빼 바지를 입히게 하거나, 창씨개명을 강요, 공식적 의상으로서 양장입기 등은 문화적 동화정책의 예이다.

(4) 문화의 진화

문화의 진화는 장기간에 걸쳐 하나의 문화 유형에서 다른 유형으로 문화가 단계적으로 변해가는 것을 말한다. 즉, 문화적 진화란 문화가 지속적인 과정을 통해 단순한 형태에서 복잡한 형태로 발전하는 것을 말한다. 문화의 진화 예로 성별역할 문화가 양성평등문화로 진화나 권위주의 문화가 수평주의 문화로 진화, 도서관 등에서 남의 물건을 가져가지 않는 것처럼 저급문화가 고급문화로의 진화 등을 들 수 있다.

〈표 2-9〉 문화접변 개념 및 사례

	개념	사례
문화공존	두 개의 문화가 공존	• 미국 LA의 코리아타운 등 한의약과 양학 • 대형마트 쇼핑몰 운영
문화융합	두 개의 문화가 새로운 문화 탄생	• 석굴암불상(간다라미술), 밥버거, K-POP • 모바일 비즈니스, 플랫폼 비즈니스
문화동화	두 개의 문화가 한 문화로 흡수	• 일제 식민지 몸빼바지강요, 창씨개명 • 공식의상 양복
문화진화	문화가 스스로 진화	• 성별역할문화에서 양성평등문화 권위주의 문화에서 수평주의 문화 • 저급문화에서 고급문화

3 문화변동의 문제점

문화 변동이 발생하게 되면 사회 구성원에게 긍정적 혹은 갈등적인 문화를 경험하게 함으로써 다음과 같은 문제들을 야기시킨다.

1) 문화지체 현상

문화지체(cultural lag)는 물질문화와 비물질 문화 간의 변동 속도의 차이에서 생겨나는 사회적 부조화 현상으로서 구성원의 부적응과 가치관의 혼란 등 사회문제를 야기시킨다. 미국의 사회학자인 W.F. Ogburn은 1920년대에 문화지체라는 용어를 최초로 사용하였다. 그는 문화지체를 문화가 변화되고 있는 현상을 다른 사람들처럼 편하게 수용하지 못하거나 또는 수용하기를 거부함으로써 새로 변화된 생활에 적응하는 능력이 다른 사람보다도 뒤떨어지고 있는 상태라고 하였다.

문화지체 현상으로는 인터넷의 확산과 관련하여 개인정보 유출사태, 2015년 워터파크 샤워장과 탈의장 영상 유출, 불법 복제, 모바일 휴대폰 사용으로 인한 스몸비족(스마트폰 좀비족), 공공장소에서 통화, 자동차 보급과 관련하여 무질서한 교통질서, 음주운전, 아파트 문화의 확산으로 층간소음 등을 들 수 있다.

〈표 2-10〉 문화지체 사례

	휴대폰 사용은 빠르게 증가하고 있으나, 전화 예절은 휴대폰 보급에 크게 못 미치고 있다. 예) 수업 중 휴대폰 사용
	자동차 보급률 증가에 비해 교통사고, 무질서한 주차문화, 교통질서의 위반 등은 우리사회의 낮은 질서 문화를 보여준다. 예) 꼬리물기로 교차로 병목현상
	많은 사람들이 아파트를 선호하고 있으나, 소음으로 인한 이웃 간 분쟁 등 많은 부작용도 늘고 있다. 예) 층간소음 분쟁

2) 아노미 현상

아노미의 어원은 '무법', '무질서의 상태', '신의의 무시'를 뜻하는 그리스어 '아노미아(anomia)'에서 유래되었다. 사회학자 뒤르켐은 산업사회에서 아노미가 증가하고 있다고 보았다. 산업화로 인한 급격한 변화로 삶의 안정성이 파괴되고 가치관의 혼란을 겪으면서, 변화에 대응할 수 있는 충분한 이행기를 거치지 못한 채 그 충격을 견디지 못하고 삶을 포기하여 자살하게 된다는 것이다.

아노미적 자살 현상은 급속한 산업화로 사회 가치와 규범 체계에 교란을 일으켜서 개인의 욕구가 통제 불능 상태에서 자살을 유발하는 현상으로 나타나기도 한다. 한국은 연예인뿐 아니라, 입시 공부, 취업 및 사업 실패로 인한 좌절 등으로 인해 일반인 자살도 크게 늘어나면서 '자살공화국'이라는 오명을 받는 것도 아노미현상이다.

〈표 2-11〉 아노미 현상 예

인터넷 불법도박

컨닝으로 돈을 번다는 영화
ⓒ 배드지니어스 포스터

시험 부정행위

운공선수 약물복용

자살공화국

아노미 현상은 급격한 문화 변동으로 기존의 사회적 규범은 붕괴되고, 이를 대신할 새로운 규범이 확립되지 않아 가치관의 혼란이 발생하여 일탈 행위로 이어지는 현상이다. 불법으로 돈을 좇거나, 부정행위로 좋은 성적을 받고자 하거나, 운동선수들이 약물복용, 충동구매 후 반품 등을 예로 들 수 있다.

3) 기술지체현상

기술지체현상은 문화 지체와 반대되는 개념으로서 외부에 새로운 비물질 문화가 널리 퍼지게 되었지만, 기술 체계가 뒷받침하지 못하는 현상을 말한다. 이 기술지체현상은 후진국이나 개발도상국에서 가끔 나타난다.

기술지체현상은 선진국에서 발전된 이념이나 지식이 교육을 통해 후진국이나 개발도상국에 전파되었으나, 이를 지원하는 기술 체계가 미처 정립되지 못해서 사회적인 혼란이 야기되는 경우이다.

예를 들면 발달된 선진국의 생활양식이 후진국에 먼저 도입되어 실질적인 준비가 되어 있지 않은 후진국 국민들의 기대만 상승시켜서 실질적인 만족없이 좌절감을 느끼게 하거나, 환경보호에 대한 높은 인식에 비하여 환경친화적인 상품을 개발할 기술력이 부족하거나, 환경오염에 대한 경각심이 높아져 화학에너지 사용을 줄여야 함에도 석유를 대체할 만한 자원이 아직 보편화되지 못한 현상 등이 있다.

〈표 2-12〉 기술지체 현상 예

석유대체자원개발기술부족

매연정화기술부족

교육용 소프트웨어기술부족

4) 문화 정체성 상실

문화 정체성 상실은 강제적인 침탈에 의해 식민지 문화를 강요하거나, 주체성을 상실한 상태에서 외래문화를 급격하게 받아들여 자기 민족의 고유한 문화를 상실하게 될 우려가 큰 현상을 말한다. 이는 전통문화의 변질을 초래하거나, 자기 문화를 비하하거나 문화 제국주의적 논리에 편승할 경우 자신의 문화적 정체성을 상실할 수 있다.

〈표 2-13〉 문화 정체성 상실 사례

영어공용화

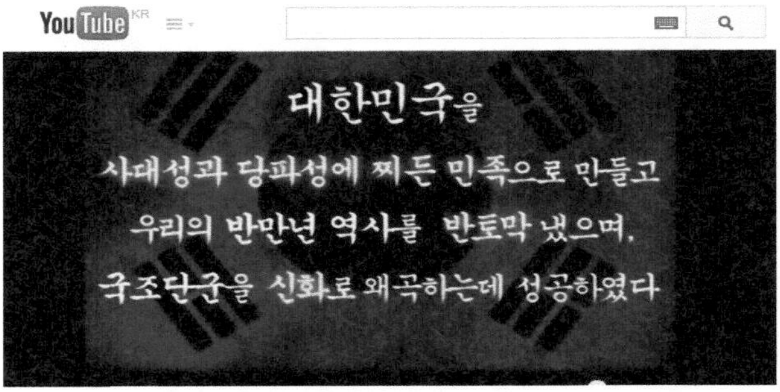

식민지 정당화

아파트주거문화

5) 문화충격

문화충격(culture shock)은 사람들이 완전히 다른 문화 환경이나 사회 환경에 있을 때 느끼는 감정의 불안상태를 말한다. 문화충격의 요소로는 이문화 충돌(해외 여행), 무리한 상호 소통(세대차이), 공감대 유도 실패 등이 있다. 문화충격은 심리적 불안 또는 정서의 급격한 변화를 일으키기도 하지만, 그 과정을 통해 서로 다른 문화에 적응하고 새로운 문화를 창출하기도 한다.

〈표 2-14〉 문화충격 사례

네덜란드
합법적
홍등가

중국, 일본
부모 자식
맞담대

독일
남녀혼탕

티벳
조장

읽어보기 **'해피' 뮤비 만들었다고 이란 남녀 7명 집유 3년**

미국 가수 퍼렐 윌리엄스의 히트곡 '해피'(Happy)에 맞춰 춤을 추는 뮤직 비디오를 만들어 유튜브에 올린 이란 남녀 7명에게 집행유예 3년이 선고됐다고 중동 현지 일간지 걸프뉴스가 20일 보도했다. 공식 죄목은 영상물 불법 유포죄와 불륜죄다.

재판부는 뮤직 비디오에서 춤을 춘 한 여성에게 집행유예 3년에 징역 1년・태형 91대를, 나머지 출연자 5명과 감독 1명에게는 집행유예 3년에 징역 6월・태형 91대를 각각 선고했다고 그는 설명했다.

연합뉴스 2014년 9월 21일

읽어보기 "누르는 순간 폰은 그들 것이 됐다" … 심리까지 조종하는 피싱의 진화

보이스피싱(피싱) 범죄 피해 최초 신고는 2006년의 일이다. 당시 인천에 거주하던 50대가 국세청을 사칭한 이에게 800만원을 송금했다. 16년이 흘렀고, 2021년 한해 보이스피싱 피해금액은 7,744억원에 이른다.

보이스피싱 수법은 문자와 SNS 등으로 가족과 지인 등을 사칭하여 개인 정보를 확보하고 급전이 필요하다거나 위협을 하여 금전 이체 등을 요구하는 방식이다. 이들은 검찰이나 경찰을 사칭하거나 저리 대출이나 대환 대출을 빙자한 은행사칭 금융감독원, 국세청 등 권력 기관을 사칭하는 대범한 수법으로 진화되고 있다.

출처 : 서울일보(http://www.seoulilbo.com)

"누르는 순간 폰은 그들 것이 됐다" …
심리까지 조종하는 피싱의 진화, 한겨레 2022.10.1.

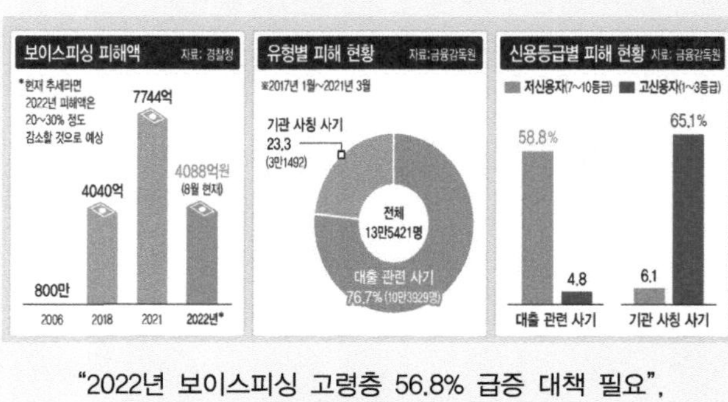

"2022년 보이스피싱 고령층 56.8% 급증 대책 필요",
서울신문, 2022.09.26.

3

다문화 및 대중문화 이해

1. 세계화와 문화의 다양성
2. 한국의 다문화 사회
3. 대중문화와 하위문화

3 다문화 및 대중문화 이해

제1절 세계화와 문화의 다양성

1 문화의 세계화

20세기 말부터 가속화된 세계화 추세는 효율성이나 실용성이라는 장점을 무기삼아 지구상의 다양한 문화가 가지는 다양성과 특수성의 가치에 대해서 심각하게 생각해 볼 여유조차 주지 않을 정도로 강력한 힘을 발휘하고 있다. 정보 통신 기술의 발달로 문화적 교류 확산, 인적·물적 교류뿐만 아니라 일상적인 문화까지 교류가 증가하였다.

미국을 중심으로 한 서구 문화가 전 세계 문화를 하나로 수렴할 것이라고 예상하는 학자들이 있다. 영화나 음악 같은 대중문화나 유행에 민감한 소비문화를 보면 이러한 예상은 이미 현실 속에서 실현되고 있는 것처럼 보인다. 이에 맞서 각 지역의 개별 문화들이 세계화라는 환경 속에서 문화적 다양성을 지키는 데 기여할 것이라는 반대의 흐름도 나타나고 있다.

세계화의 영향력이 커지면 커질수록 다양한 문화들이 자신들의 특수성을 주장하는 정도도 커질 수밖에 없으며, 이는 세계 여러 곳에서 명백히 증명되고 있다. 특히 각각의 지역 내 그리고 대륙 간의 문화적 가치나 이념의 차이들이 분명해서 그 중요성의 정도를 서열화할 수도 없을 뿐더러 그 다양성의 정도 또한 분명하게 설명하기 힘들 정도가 되었다.

문화의 세계화를 실감하는 곳이 바로 대학의 캠퍼스이다. 대학의 글로벌화답게 우리 대학생들이 세계 각 지역으로 떠나기도 하지만, 동시에 여러 지역에서 다양한 문화를 가진 학생들도 한국 대학에서 공부하고 있다. 우리 대학생들이 어학연수 문화탐방 등으로 세계 곳곳을 다니면서 새로운 문화를 체험할 뿐만 아니라 우리 대학에 온 외국학생들은 단지 사람만 온 것이 아니라 자국의 문화도 함께 가지고 온다. 따라서 대학의 캠퍼스는 다양한 문화가 공존하는 장이 되고 있다.

2 문화적 다양성 심화

세계화에 따른 전 지구적 노동력 이동과 국제결혼의 증가로 다양한 인종, 종교, 문화를 가진 사람들이 공존함으로써 다인종, 다문화 사회로 변화하였다. 문화 다양성을 증진시킨다는 것은 다문화주의와 지속적인 발전, 그리고 평화를 구축하기 위한 것이며, 건설적인 다문화주의를 위한 다양성은 문화들 간의 조화로운 상호관계를 고양시키기 위한 국가적이고 사회적인 메커니즘을 구축함으로써 만들어질 수 있는 것이다. 이러한 목적, 즉 평등과 통합을 이루기 위해서, 국가뿐만 아니라 시민사회는 중요한 역할을 맡아야 하는데, 이것은 모든 이들이 받아들일 수 있는 사회적이고 민주적인 틀 내에서 가능한 것이다.

세계화와 더불어 변화된 한국인의 생활을 관찰해 볼 때, 우리는 한국인(한국 민족)인가? 100퍼센트 한국인인가? 한국인을 규정하는 요소에는 혈통의 순수성뿐 아니라 한국 문화를 얼마나 공유하고 있는지의 여부도 포함된다. 우리 주위에서는 수많은 젊은이들이 외국 상표의 청바지를 입고 콜라를 마시며 팝 음악을 듣고 있는 모습을 쉽게 찾아볼 수 있다. 어린이는 영어를 배우기 위해 유치원에서부터 영어를 공부하며, 주위에서 많이 보이는 염색한 머리나 사람들의 다양한 자기표현은 과거와는 다른 한국 사회의 모습을 보여 준다. 헤아릴 수 없이 많은 '외래'요소들이 이미 한국 문화 속으로 들어와 있고 오히려 이제 한국적인 것의 일부가 되어 있기도 하다.

읽어보기 **100퍼센트 미국인**

새벽에 잠자리에서 일어난 이 미국인(미국주의를 신봉하고 미국의 전통을 보존하려는 애국자)은 자기가 파자마를 입고 잔 것을 발견했는데, 파자마는 원래 동부 인도에서 기원했으며, 잠을 잔 침대는 페르시아나 소아시아에서 유래된 것이다. 만일 비가 올 것 같으면 고무로 된 덧신을 신는데, 덧신의 원료인 고무는 고대 멕시코인들이 발견한 것이다. 또 우산을 들고 나서려는데, 우산은 원래 인도에서 발명된 것이다.

기차를 타려고 기차역으로 가는데, 기차는 영국인의 발명품이다. 기차역에서 동전을 사용하여 신문을 사려고 잠시 멈추는데, 동전은 고대 리디아(Lydia)인이 발명한 것이다. 기차를 타고 좌석에 기댄 채 담배 한 대를 피우려고 하는데, 담배는 원래 멕시코에서 발명된 것이며, 시가(cigar)는 브라질에서 발명된 것이다.

그가 산 신문의 글자는 셈족(Semites)사람들이 발명한 것이고, 금속 활자는 독일인이 발명한 것이며(주 : 금속활자는 이보다 200년 전 한국에서 발명되었으나 영향력이 약했던 탓에 여전히 독일의 발명품으로 알려져 있다. 이 글이 쓰인 1937년에는 물론 한국의 금속활자는 서구인들에게 알려지지 않았다), 신문의 재료인 종이는 원래 중국인이 발명한 것이다. 외국 사상을 수용함으로써 생기는 결과를 지적하는 신문 사설을 읽을 때, 그는 인도유럽어로 히브리 신에게 그가 '100퍼센트 미국인'임을 감사하는 것을 잊지 않을 것이다

[이때 '100퍼센트'에 쓰이는 십진법은 그리스 사람들의 발명품이며, '아메리카'라는 말은 이탈리아의 지리학자인 아메리고 베스푸치(Amerigo Vespucci)의 이름에서 온 것이다].

린턴(Linton, R.), One Hundred Percent American, culture change.

제2절 한국의 다문화 사회

1 다문화 사회의 개념

1) 다문화 사회의 개념

다문화 사회는 한 국가 내지 사회 속에 복수의 다른 인종, 민족, 계급 등 여러 집단이 지닌 문화가 함께 존재하는 사회로 복합문화사회를 말한다. 근대사회는 단일 국민국가, 단일 민족국가라는 국가통합을 이념적인 전제로 하여 형성되어 왔지만. 역사적으로는 다민족사회, 다문화사회로 형성되어 민족 간 또는 문화 간의 여러 갈등과 대립이 생겨나, 지배적인 민족 집단이나 문화 집단에 의한 억압과 통제가 이루어져 왔다.

다문화사회는 국제이주를 통해 인적 구성에 변화가 일어나는 사회로 여러 민족과 인종이 함께 모여 사는 사회를 말한다. 또한 다문화사회는 다양한 인종적, 민족적, 문화적 소수자의 권리가 보장되는 사회이다. 이주민의 권리만 보장하는 사회가 아니라 해당 사회 내에 존재하는 여러 형태의 소수자들이 함께 존중되는 사회이다. 마지막으로 다문화사회는 다양한 구성원들의 창의적 문화 생산을 통해 문화적 다양성이 증진되고 사회 전체의 창의성이 커지는 사회를 의미한다.

한국의 다문화 사회는 ① 교통, 통신 수단의 비약적인 발달로 서로 다른 문화권에 속한 사람들 간의 접촉이 증가하였고, ② 세계화의 영향으로 사람과 노동력의 이동이 증가하여 외국인 이민자의 비율이 증가하였기 때문에 형성되었다.

2) 다문화 사회의 영향

다문화 사회는 ① 문화의 다양성 증가로 다수 집단의 문화 발전에 기여하고, 문화적으로 풍성한 삶을 누릴 수 있고, ② 외국인 근로자의 유입으로 생산성 증대 및 지속적인 경제 발전에 기여하며, ③ 국제결혼 이주자의 증가로 지역사회에 새로운 활력을 불어 넣는 등의 긍정적 효과를 주고 있다.

반면에 부정적인 측면으로는 ① 고유문화의 정체성을 약화시키거나 훼손시킬 가능성이 있으며, ② 외국인 이주자와 거주민과의 상호이해 부족으로 갈등이 발생하며, ③ 외국인 근로자와 기존 거주민과의 일자리 경쟁 및 외국인 범죄의 증가가 사회문제가 되기도 한다.

3) 다문화 사회의 바람직한 자세

다문화 사회의 바람직한 자세는 먼저, 문화의 상대주의적 태도를 가져야 한다. 즉, 나와 다른 문화에 대하여 개방적이고 관용적 태도를 갖고, 문화적 다양성을 인정하여야 한다. 왜냐하면, 자문화 중심주의적 태도나, 문화적 소수자들에 대한 차별이나 편견은 문화적 갈등과 충돌을 발생시키기 때문이다. 둘째, 다름의 진정한 의미를 수용하여야 한다. 즉, 차이를 인정하고 차별의 근거로 삼지 않는 자세를 함양하여야 한다. 셋째, 문화적 다양성을 존중하여 문화적 고정관념이나 편견없이 이주자들을 이해하고 수용하여야 한다.

2 한국의 다문화 사회

1) 다문화 사회의 성격

우리나라는 산업화・도시화에 따른 농촌 미혼남성들과 외국 여성간의 국제결혼의 증가, 1980년대 말 우리나라의 경제발전에 따른 노동력 부족에 의한 이주노동자의 유입, 북한의 경제피폐로 인한 북한 이탈주민 증가 등에 의해 급속히 다문화사회로 진입하였다.

우리나라 다문화환경의 성격을 살펴보면 다음과 같다.

첫째, 한국의 다문화사회로의 진입은 다른 나라에 비하여 매우 급속히 진행되었다는 점이다.

둘째, 체류 외국인 가운데 장기체류 외국인 수는 해마다 증가하고 점차 영주화되어 가고 있다는 점이다. 따라서 우리 사회는 외국인이 한국 사회에 잘 적응할 수 있도록 언어 소통의 문제 외에도 취업, 주택이나 의료 문제, 교육 문제, 노동환경의 개선, 체류관리제도의 개선, 외국인에 대한 행정 서비스 등 전반적인 대책이 마련되어야 한다.

셋째, 우리나라가 다문화 사회로 급속히 진입하게 된 것은 이주노동자의 증가, 결혼 이주여성의 증가, 북한 이탈주민의 증가라는 세 요인에 의한 것이라는 점에서 다른 나라의 다문화환경 유형과 다르다.

넷째, 우리나라의 다문화환경은 이주노동자, 결혼 이주민, 북한 이탈주민에 의해 조성되고 있으나 이들 대부분이 한국 사회의 사회적, 경제적, 문화적, 교육적으로 새로운 소외 계층으로 자리 잡고 있다.

한국 사회는 과거에 비해서 빠르게 다원주의 사회로 진행하고 있다. 어느 사회나 다양한 문화를 인정하고 전체를 통합할 수 있는 능력이 필요하다. 특히 주류 문화가 주변문화를 포용함으로써 '우리는 하나'(하나가 된 전체 unified whole)로 공존하는 것이 필요하다. 전체의 공통된 특징을 강조하면 통합적 의미의 문화가 될 것이고, 부분간의 차이를 강조하게 되면 하위문화간의 문화적 특징을 강조하게 된다.

한국 사회에서 다문화주의가 심각하게 대두된 것은 국내 거주하는 외국인(여성결혼이민자, 외국인 근로자)의 급격한 증가로 출발되었으나 그 의미를 다른 소수자에게도 적용하여야 한다.

2) 다문화 사회의 문제점

저출산 및 고령화로 인한 노동인구의 감소와 경제의 세계화는 외국인 노동자의 수를 증가시키고 있고, 국제결혼으로 인한 외국인 배우자의 증가 및 탈북자의 증가로 인한 새터민 수의 증가는 우리 사회에서 외국인 및 이질문화의 유입이 많은 문화적 갈등의 문제를 야기시키는 부분이 됨을 보여주고 있다.

그리고 수십 년에 걸친 주한미군에 의한 직접적인 외국문화의 접촉 이외에도 우리 사회는 이미 해외관광, 유학 등을 통한 해외문화의 직접적 체험, 인터넷 등 발전된 정보기술을 통한 외국 사회 및 문화에 대한 지식과 정보의 확대 등을 통한 외국문화의 간접적 경험은 우리 사회를 다문화 사회로 급속히 전환시키고 있다.

(1) 해외이주 외국인 근로자

이주노동자들은 열악한 근로조건을 지닌 중소기업체에서 한국인 노동자에 비하여 낮은 임금과 열악한 노동조건에서 일하고 있는 경우가 대부분이다. 노동자로서의 권리를 보호받지 못한 채 임금체불과 산업연수생의 송출업체에서 예치금을 환불받지 못하고 강제출국 당하는 경우 등 많은 인권문제에 노출되어 있다. 더욱 심각한 문제는 이들의 범죄행위가 위험수위를 넘어 사회문제화 되고 있다는 것이다.

(2) 국제결혼으로 인한 외국인 배우자

외국인 배우자들의 등장으로 기존 한국 사회의 문화적 범주 속에 포함되어 있지 않았던 다양한 문화들이 기존 문화 속으로 이입되고 있으며, 가족과 지역사회, 학교, 직장 등 다양한 생활의 부문에서 문화주체들 사이에 대면이 일상화되고 있다.

한국 사회에 이입된 외국인 배우자들의 문화적 배경은 무시되고 언어와 생활관습, 역할 기대와 관계형성 방식, 가치관 등의 구체적인 차이는 관심의 대상에서 벗어난 채 주류사회에 동화되기만을 기대하고 있다.

실제, 가족이나 이웃간의 관계, 지역공동체의 형성에 이러한 요인이 매우 중요한 영향을 미치고 있으며, 국제결혼을 통하여 출산한 2세의 경우, 이들의 교육 문제는 중요한 사회적 과제로 제기되고 있다. 이들이 안고 있는 문제는 다음과 같이 요약될 수 있다.

① 문화적 인식 차이－젠더(gender) 구조와 가족구성, 음식문화, 가족 내 역할 기대 등

② 언어 장벽－한국계 조선족이나 고려인의 억양과 사투리, 외국인

의 존대말 사용 등에 따른 문화수행의 어려움 등

③ 주변의 차별과 편견－경제적 이유로 인한 결혼이라는 멸시, 피부색 등 외양에 의한 차별과 편견의 눈길 등

④ 2세 교육문제－정체성의 혼란, 혼혈아에 대한 편견, 다문화사회 적응을 위한 교육 부재 등

⑤ 배우자에 대한 신뢰－사기결혼, 정확한 정보의 부족으로 인한 결혼 후 유일하게 의지해야 할 배우자에 대한 신뢰 상실 등

(3) 탈북자 출신의 새터민

새터민이라는 용어는 '탈북자'라는 용어를 2004년에 통일부에서 국민 의견수렴을 거쳐 선정한 대체 용어이다. 새터민의 증가로 이들의 사회문화적 적응 및 지역사회 내에서의 갈등이 사회적 쟁점으로 대두되고 있다. 새터민들은 다음과 같이 직업적 어려움과 문화적 갈등을 겪고 있다.

① 직업선택과 취업－구직의 좁은 문, 직업경력의 단절 등

② 의사소통(communication)의 문제－언어장벽(북한 사투리로 인한 사오정 취급), 방식의 차이(자기비판 생활방식에 따른 직설적이고 공격적인 의사소통 방식) 등

③ 직무수행 과정－기술적 문제(컴맹, 영어맹), '그럭저럭' 시간 때우기식의 노동 규율 등

④ 조직(직장)문화－공동체문화와 개인주의·경쟁문화의 대립

⑤ 새터민(북한사람)에 대한 남한사람의 인식－거칠고 의존적이며 실리적이라는 인식하에 의심과 불신 인식 등의 팽배 등

3) 다문화 사회의 효과

한국 사회가 다문화 사회로 진입하면서 구인난 해소와 글로벌 인재 확보라는 긍정적 효과를 가지고 있다. 즉, 우리나라는 최근 저출산과 고령화로 인해 동남아시아에서 온 '이주 노동자'들은 중소제조업 현장에서 핵심 산업인력으로 자리잡고 있다. 3D 업종으로 분류된 업체에 취업하는 것을 꺼리는 한국인들의 인식 탓에 외국인 근로자가 없으면 정상적인 일 처리가 어려운 업체가 많을 정도로 인력난이 심한데, 이러한 문제를 해결해준다.

또한, 다문화가정의 아이들은 한국어와 부모나라의 언어, 2가지 언어를 사용할 수 있다. 어릴 적부터 자연스레 2개국 언어를 습득하게 되고, 이질 문화 또한 수용하게 된다. 한국문화와 부모나라의 문화를 동시에 접하게 되면서 문화의 다양성을 이해하고, 조금 더 유연한 자세로 글로벌 시대를 맞을 수 있는 중요한 인재로 자랄 수 있다.

국적이 다르다고 해서 '이주 노동자'들이 우리와 다를 것은 없다. 그동안 우리 사회에서 지속됐던 '이주 노동자'들의 저임금 문제와 비인격적인 대우 등은 시급히 개선되어야 하고, 반드시 사라져야 할 문제이다. '차이'는 인정하되, '인식'은 바로 하고, 우리와 그들이 다르지 않다는 것을 분명히 알고 함께 일하는 파트너로서 존중하는 문화가 하루빨리 자리잡아야 한다. 또한 다문화가정 식구들 역시 우리나라의 중요한 구성원이어서 우리가 먼저 그들을 편견 없이 사회 구성원으로 따뜻하게 받아들이는 인식의 변화가 필요하다.

우리 사회에 필요한 다문화교육은 모든 국민을 대상으로 한 다문화시민교육이다. 우리 국민 모두가 다문화감수성을 함양하고, 민주시민으로서 다문화시민성을 갖춘다면 다른 문화로 인한 사회적 갈등과 문제를 최소화 할 수 있을 것이다.

우리나라가 진정한 다문화주의에서 발전을 지속하기 위해서는 다양성과 차이를 포용하는 것이 매우 중요하다. 즉, 다문화사회에서 서로 다른 가치와 문화적 다양성에 대한 열린 태도가 중요하다면, 그 이전에 먼저 우리는 기존 사회의 다양성을 먼저 인정하고 수용해야 하는 것을 요구한다.

4) 차이와 차별

사람 간・집단 간에 서로 차이가 있다는 것은 자연스러운 현상이다. 차이가 차별로 변할 때 어려움이 생기고 사회문제가 된다. 사람은 각각 모양도 다르고 자기가 가진 과거의 경험이나 마음속에 저장하고 있는 기억(사진)이 달라서 의견도 생각도 마음도 다르다. 사람(집단)간의 차이를 인정하고 서로 그것을 인정하고 수용할 수 있으면 문제가 될 것이 없다. 그러나 사람들이 제 각기 자기가 가진 사진만 옳고 다른 사람의 사진은 인정하려고 하지 않을 때 차별이 시작된다.

차이(difference)는 두 사람 간 또는 두 집단 간 특성이 서로 다른 것을 의미한다. 선정된 기준에 따라서 비교할 때 나타나는 두 단위간의 상이한 위치를 말한다. 그리고 그 기준에 대해 가치 평가를 하거나 어떤 규범이 존재할 때 차이는 곧 차별(discrimination)이 된다. 즉, 기준(또는 표준)에 따른 차이에 상징적 의미를 부여하면서 심리적이거나 물질적 차등 대우를 하는 상황이 차별이다. 예컨대 특정 행동을 표준 범주나 범위로부터 벗어난 일탈 행동으로 규정하면서, 행동의 우열에 대한 가치평가를 내리는 상황은 차별이 존재하는 상황이다.

우리가 차별로 생각하지 않거나 차별이 당연하다고 믿고 있는 입시성적의 차이를 보면 시험성적은 단순히 학생들 사이의 성적(지식소유정도)의 상대적 위치를 나타내는 것이지만 그것이 함축하고 있는 차별의 의미는 매우 크다. 사회는 성적이 나쁜 학생들을 질적으로 열등하거나 정상이 아닌 집단의 일원으로 평가하는 경향이 있는데, 이것이 바로 차별이다.

성적을 예로 들었지만 집단을 평가하는 기준이나 잣대는 무수하게 많고, 그것이 개인이나 집단을 차이가 아닌 차별로 끌어가곤 한다. 도덕이나 윤리, 사고방식(틀)이나 표준규격 등은 차별을 가져오는 대표적인 규범들이다.

읽어보기 **차이를 존중하라**

나와 '다른' 의견은 '틀린' 의견이 아니다 상대가 나와 다를 수 있음을 인정할 때 다름의 차이가 빚어내는 다양성 속에서 아름다운 창조는 시작된다 '나'와 '너' 사이에 존재하는 차이는 곧 '우리'의 경쟁력이다 수많은 '나'와 수많은 '너'가 만나서 아름다운 공동체를 이룬다 공동체의 '시너지'는 다름과 차이를 인정하고 배려하며 존중하는 가운데 나온다.

'시너지'의 원천은 '세너지'separate Energy=Senergy다 '세너지'를 인정하지 않는 '시너지'는 존재할 수 없다 다양한 개성과 개성의 어울림 속에서 조화의 꽃은 피어난다 모든 꽃이 한꺼번에 피지 않듯이 저마다의 개성과 재능에 따른 시너지 효과를 발휘할 때 아름다운 조화의 교향곡이 울려 퍼진다.

인문학, 자연과학, 공학, 예술 등 다양한 학문의 융합이 창의성의 바탕이 되는 것은 물론이고, 문화적 다양성은 또한 새로운 창조의 원천이 될 수 있다. 스티브 잡스는 아이폰4를 공개하면서 애플은 단순히 기술을 개발하는 회사가 아니라 인문학과 기술을 결합하는 회사라고 성공의 비결을 공개했다.

일례로 그가 대학 시절 들었던 서체과목 수업이 다양하고 아름다운 글자체를 가진 최초의 매킨토시 컴퓨터를 만들게 했다고 한다. 또한, '남자의 자격'을 통해 합창단 지휘자로 더 유명해진 뮤지컬감독 박칼린은 자신의 책에서 "어린 시절의 나를 형성한 것은 다양성이었다. 다양성은 내게 '그 어떤 것도 가능하다'는 것을 가르쳐주었다"라고 적고 있다.

자료 : 유영만, 상상하여(Imagination)? 창조하라(Creativity)!에서 발췌

제3절 대중문화와 하위문화

1 대중문화

1) 대중문화의 개념

문화는 인간의 역사 속에서 형성된 것이며, 누군가에 의해 만들어진 것이며 끊임없이 변화해온 것이며, 지금도 변화하고 있는 것이며 앞으로도 변화해 갈 것이다. 문화를 인간 집단이 만들어낸 모든 생활양식과 상징체계라 할 때 그것을 구분하는 방식은 엄청나게 다양할 수 있다. 문화가 소수의 귀족계급에 의해 제한적으로 생산 및 소비되어진 중세봉건시대에 일반 백성은 철저하게 '문화'의 혜택으로부터 소외되었다.

그러나 산업혁명을 거쳐 근대화 시대가 도래한 후 지배계급에 대비되는 '대중'이라는 개념이 성립되었으며, 대량생산체제의 주역으로서 대중들이 경제력을 장악하게 되면서 대중사회가 형성되기 시작했다. 이와 함께 이른바 과거 엘리트 계층들이 향유하던 '고급문화'의 반대개념으로서의 '대중문화'라는 사회용어가 등장했다.

대중문화란 대중 매체에 의해 다량의 문화가 불특정 다수에게 전달되는 문화이기 때문에 옷차림, 말투, 머리 모양, 사물에 대한 판단에 이르기까지 일상생활에서 유행을 따르는 현상으로, 개인의 성격이나 배경, 창의력과는 관계없이 사회 구성원 대부분이 일방적으로 수용을 강요당하는 문화의 한 유형이다. 예를 들어 한국 문화라면 한국인이라는 집단이 공유한 문화이고, 미국 문화는 미국인이 공유한 문화가 된다.

20세기 중엽 이후 기술 혁신에 의한 기계공업의 발달로 상품의 대량 생산이 가능해졌고, 통신・통신수단 및 대중매체의 발달로 대량 소비가 촉진되고 있으며, 도시 발달로 인해 표준화되고 획일적인 대중교육이 실시되고 있다. 특히, 대중 매체의 발달은 대중교육의 실시, 조직 생활의 확대와 함께 대중문화 형성에 결정적 기여를 하고 있다.

21세기에 들어와 한국의 대중문화는 '한류'라는 말로 세계에서 인기를 끌고 있다. 한류란 1990년대 후반부터 중국을 위시하여 대만, 홍콩, 베트남, 태국 등 아시아 여러 나라에서 한국의 가요, TV 드라마, 영화 등 대중문화에 대한 관심과 선호가 증가하는 사회문화적인 현상을 말한다. 특히 2000년 이후에는 드라마・가요・영화 등 대중문화만이 아니라 한국의 음식, 패션, 한국과 관련된 제품을 선호하는 현상까지 나타나고 있는데, 포괄적인 의미에서 이러한 모든 현상을 가리켜 '한류'라고 한다.

2) 대중문화를 보는 두 가지 관점

우리가 흔히 대중문화라고 부르는 현상은 대중사회에서 매스 미디어에 의해 매스커뮤니케이션의 형태로 나타나는 문화로 영어로 'mass culture'를 지칭하는 경우가 많다.

대중(mass)이라는 말에는 고립・분산되어 있고, 주체성을 가지지 못했으며, 비합리적이고 열등한 집단이라는 경멸적 의미가 담겨있다. 이러한 부정적 의미 때문에 지금은 중립적이거나 긍정적인 함의를 가진 대중성(the popular)의 개념을 써서 'popular culture'라는 용어를 보편적으로 쓰고 있다. 'popular culture'라고 할 때 대중문화는 '다수의 사람들이 향유하는 문화'라는 의미에 가깝다.

'mass culture'가 주로 문화의 생산과정에 초점을 맞춘 개념이라면 'popular culture'는 문화의 소비 내지 수용과정에 초점을 맞춘 개념이라 할 수 있다. 'mass culture'는 대량복제가 가능한 매스 미디어가 등장한 근대자본주의 이후의 문화 산물로 한정되지만 'popular culture'는 자본주의 이전의 민중적 문화까지 포괄하는 개념이 된다.

어떤 문화든 그것이 대중의 삶속에 존재하며, 대중에 의해 수용되지 않으면 아무런 의미가 없어 다수의 사람들이 소비·향유하는 문화라는 관점으로 대중문화에 접근하는 것이 타당하다. 또한 대중문화는 한꺼번에 수많은 사람들을 대상으로 전파되는 것이기 때문에, 그 이데올로기적 효과가 매우 커 언제나 국가 권력은 대중문화를 통제하거나 관리하려는 경향이 있다.

3) 대중문화의 기능

대중문화는 개인의 성격이나 특성과는 관계없이 일방적으로 전달되는 특징 이외에 대중매체에 의해 형성되고 주도되어 획일적인 양상을 띠게 된다. 대중매체를 소유한 기업들은 대중이 원하는 문화상품을 상업적으로 생산하고 판매하여 이윤의 극대화를 추구하기도 하며 긍정적 기능과 부정적 기능을 가지고 있다.

(1) 대중문화의 긍정적 기능

⑴ 고급문화의 대중화를 통해 민주화에 기여한다. 과거 특정 상류층만 향유하던 엘리트 문화를 대중도 누릴 수 있게 한다. 일상에서 오락 및 여가 문화로서의 기능을 하며, 삶의 활력소 역할을 하기도 한다.

⑵ 사회를 통합시키고 문화를 발전시킨다. 대중문화를 통해 보편적

인 정서와 가치관을 갖게 되어 통합에 기여한다. 불특정 다수가 향유할 수 있는 문화로 자리매김하면서 다양한 문화를 다채롭게 접목시켜 문화 발전에 기여한다.

(3) 계층 간의 문화 차이를 줄이고 문화 민주주의를 실현시킨다. 대중 교육의 기회제공으로 누구나 문화창조 과정에 대중이 폭넓게 참여할 수 있다.

(4) 정치적 비판 기능을 수행한다. 일반적으로 대중문화가 탈 정치적이라고 하지만, 문화에서는 정치적 비판 기능이 나타나기도 한다.

(2) 대중문화의 역기능

오늘날 대중문화는 소비자들의 주머니를 겨냥한 돈벌이 문화로 발전하고 있다. 이러한 문화는 소비의 주체가 되는 청소년을 대상으로 성적인 호기심을 자극하거나 폭력을 미화하는 감각주의로 흐를 가능성이 농후하다. 소비를 부추기기 위한 빼빼로데이나. 발렌타이 데이와 같은 문화가 등장하는 이유도 같은 맥락에서 생각할 수 있다. 대중문화의 역기능은 다음과 같다.

(1) 문화의 상업화이다. 즉, 이윤을 추구하는 문화 상품의 성격이 강해 대중의 관심을 끌만한 문화 상품 개발에 치중하여 저질 문화의 양성, 감각화, 소비 조장을 초래한다.

(2) 문화의 획일성이다. 한 순간에 유행되어 수많은 사람들이 동시에 동일한 내용을 받아들임으로써 문화의 내용이 획일화되고 개성이 상실되기도 한다.

(3) 사회의 퇴폐화와 저속화 및 문화의 질적 저하를 가중시킨다.

(4) 대중으로부터 소외감을 심화시킨다.

(5) 과거의 3S 정책(sports, screen, sex)처럼 대중의 관심을 현실에서 유리시켜 대중의 정치적 무관심[1]을 유도하는데 악용되기도 한다.

(6) 권위주의적 정부가 대중 조작[2]을 일삼거나 대중을 수동적으로 만들 위험성이 있다.

(7) 대중 매체를 보유한 기업에 의해 대중문화가 생산되고 대중은 대중문화의 객체로 전락하게 된다. 즉, 획일화된 문화를 일방적으로 전달받음으로써 비판적 사고력이 마비되고 주체성 상실, 단순한 문화 소비자로 전락될 가능성이 크다.

(8) 배금주의적(=물질만능주의) 가치를 양산한다.

읽어보기 3S 정책

3S[스포츠(Sports), 섹스(Sex), 스크린(Screen)의 머리 글자]는 1983년의 한 신문 칼럼에서 "흔히 스크린, 스포츠, 섹스의 두문자(頭文子)를 따 현대를 3S가 지배하는 시대라고 말한다."는 말로 당시 세태를 표현했다.

한국은 1979년 12・12 군사 반란, 1980년 5・17 쿠데타, 5・18 광주 민주화 운동 무력 진압을 거쳐 집권한 제5공화국 정부가 국민들의 관심을 스포츠와 엔터테인먼트 쪽으로 돌려서 반정부적인 움직임이나 정치・사회적 이슈 제기를 무력화시킬 목적으로 시행한 여러 우민화 정책들을 묶어 이르는 표현이다.

이와 유사한 우민화 정책으로는 포르투갈의 독재자 살라자르가 시행한 '3F 정책'(Futebol, Fatima, Fado)이 있다.

1) 정치적 무관심 : 정치적 상황에 대한 주체적 인식과 행동이 결여되어 있는 정치적 태도

2) 대중 조작 : 국가권력이나 기업 자본 등 권력자가 대중매체를 이용하여 대중의 여론이나 관심사 등을 자신이 원하는 방향으로 형성해 나가는 것

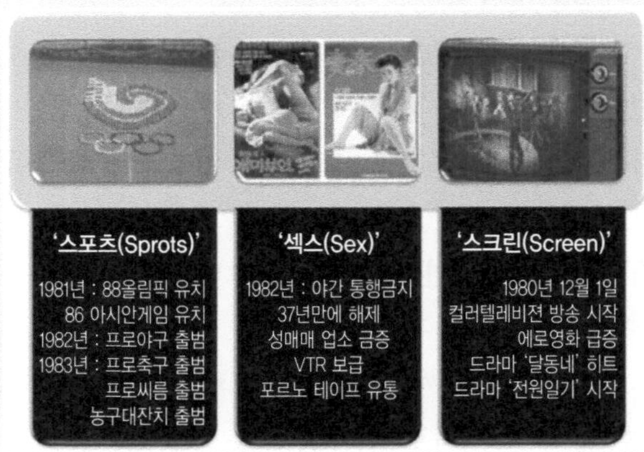

1980년대 전드환의 3S 정책

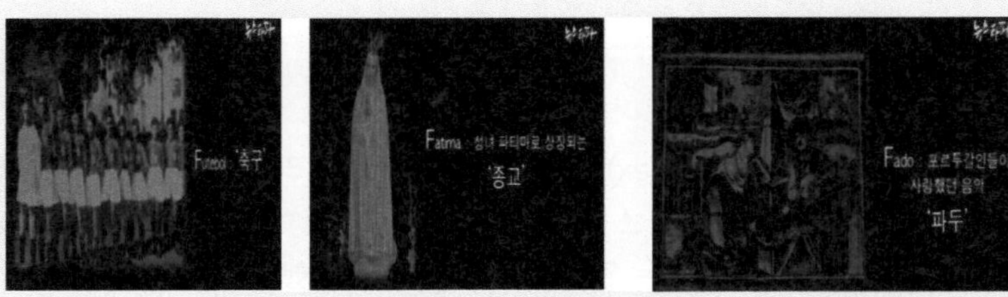

포르투갈 살라자르 3F 정책

그림출처 : https://m.blog.naver.com/PostView.naver?isHttpsRedirect=true&blogId=ian3714&logNo=220367794531

정책별 실행 과정

1) 스포츠(Sports) & Song

프로 스포츠를 활성하여 국민들로 하여금 스포츠에 열광하게 만들고, 1981년: 5·18 광주 민주화 운동 1주년을 맞아 일어날 반정부 움직임을 사전에 차단하려고 여의도에서 국풍81이라는 대규모 문화 행사를 열었다.

1981년: 1988년 하계 올림픽을 서울에 유치시켰다.

1981년: 1986년 아시안게임을 서울에 유치시켰다.

1982년: 프로야구가 출범하였다.

1983년: 프로축구가 출범하였다.

1983년: 프로씨름이 출범하였다.

1983년: 농구대잔치가 출범하였다.

2) 섹스(Sex)

1982년 야간 통행금지를 시행 37년 만에 해제시켰다. 이로 인하여 성매매 업소들이 늘어나고 포르노 테이프가 대중적으로 보급되었다.

3) 스크린(Screen)

1980년 전국적으로 컬러 텔레비전 방송이 시작되고, 이와 더불어 VTR 역시 전국적으로 보급되면서 '뽕', '애마부인' 등 성적 자극적인 작품이 증가하였다.

출처 : 위키백과, 우리 모두의 백과사전.

2 하위문화

1) 하위문화의 개념

하위문화는 1950년 사회학자 데이비드 리스먼이 사용한 용어이다. 하위문화는 '주류문화에 반하는 개인적 모임의 문화이다. 서브(sub)란 사회 주류 문화와 가치관으로부터 일탈한 인종적으로 소외된 그룹이나 거리의 아이들, 동성연애자 등의 하위집단을 의미한다. 하위문화 또는 서브컬처(Subculture)[3]는 한 사회에서 어떤 사회에서 지배적인 문화와 별도로 특정한 세대, 지역, 직업, 계층끼리만 공유하는 독특한 문화이다.

지배적인 문화나 체제를 부정하고 적대시하는 하위문화는 반문화(대항문화)라고 불리기도 한다. 한 사회에서 집단을 나누는 기준은 성, 세대, 계급, 지역, 인종, 직업 등 다양하며, 이 다양한 기준들이 수많은

3) 대항(혹은 반)문화(counterculture), 독립문화, 언더그라운드 문화, 마이너리티 문화, 하위문화(subculture)로 불리움.

집단을 만들고 이들은 각기 독특한 자기 문화를 공유한다. 이 하위집단의 문화를 하위문화(subculture)라 하는데, 결국 문화는 수많은 하위문화들의 집합인 셈이다.

역사적 하위문화란 이러한 일반적인 하위문화를 보다 특수화해서 1950년대 이래 1970년대까지의 영국의 특수한 문화 일반을 가리키는데 사용되었다. 부모 세대가 가진 노동자로서의 계급의식과 기성세대에 대한 반감을 가진 청년 세대라는 이중적 의식을 가졌다는 점에서 특수성을 갖는다. 오늘날 하류문화는 주류문화에서 벗어난 주류문화 내에 포함되어 있는 독특한 문화를 총칭한다. 그 예로는 지역문화(농촌문화, 도시 문화), 남녀문화, 계층문화(청소년 문화, 노인문화), 조직문화(권위주의문화, 개방주의문화) 등이 있다.

한편, 과거 소년들의 주 놀이인 게임은 인터넷, 모바일 디바이스, 스트리밍 플랫폼과 같은 기술발전의 영향으로 이젠 남녀노소 모두의 여가 생활이 되었고 '직접 플레이 하는 것'에서 '시청하거나 관람하는 것'으로 확장되었다. 자녀 세대는 팝과 힙합을, '인스타그램', '틱톡'과 같은 신생 sns를 사용하는 반면에 부모 세대는 흔히 '성인가요'라고도 하는 트로트 장르와 'band'를 사용하는 세대차이 문화를 미스터트롯을 계기로 트로트가 최신 예능의 서바이벌 포맷과 만나 세대를 어우를 수 있는 콘텐츠로 탄생하였다.

빌보드 차트를 점령한 BTS와 아카데미 시상식에서 다수의 트로피를 거머쥔 영화 기생충, 에미상을 수상한 드라마 오징어게임 등은 이제 국경을 넘어 전 세계 대중에게 다가섰다. 최근 한국의 대중문화는 세대 간 차이뿐만 아니라 국경을 넘어 대중문화를 이끌고 있다.

〈표 4-1〉 하위문화에서 대중문화

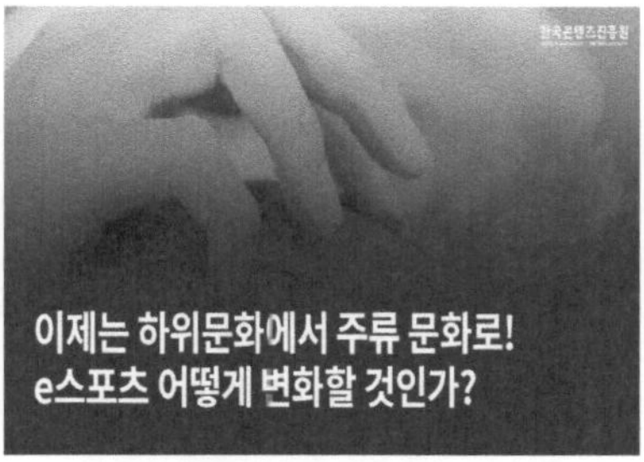	소년들의 놀이 → 남녀노소의 놀이 '직접 플레이 하는 것'에서 '시청하거나 관람하는 것'으로 확장
	자녀 세대는 팝과 힙합, 부모 세대는 '성인가요'라고도 하는 트로트 → 트로트를 즐기는 자녀 세대, 1020 세대가 주축이던 팬덤문화 → 문외한이던 부모 세대가 팬덤을 즐김
	한국의 배금주의 부작용 → 세계 모든 국가의 배금주의 부작용
	한국의 자본주의 부작용 → 세계 모든 국가의 자본주이 부작용

2) 하위문화의 기능

(1) 하위문화가 대중 문화에 대해 갖는 기능

(1) 전체 문화의 다양성과 역동성을 제공하여 전체 사회발전에 기여한다.

(2) 전체 문화의 유지와 존속에도 긍정적 역할을 수행하여 집단의 결속을 강화한다.

(2) 하위문화가 하위집단에 가지는 기능

(1) 전체 문화에서 충족할 수 없었던 욕구를 충족시켜 준다.

(2) 하위집단에 대한 소속감을 느끼게 하고 다른 집단과의 차별성을 갖게 해준다.

(3) 하위 집단들의 정신적인 지향점을 제시한다.

또한, 하위문화는 다음 표과 같이 긍정적·부정적 기능도 가지고 있다.

〈표 4-2〉 하위문화의 긍정적 기능과 부정적 기능

긍정적 기능	① 해당 문화를 공유하는 사람들 간의 소속감이나 연대 의식을 강화시켜줌 ② 하위문화에 참여함으로써 전체 문화의 틀 안에서 채워질 수 없는 욕구를 충족 ③ 전체 문화에 다양성을 부여하여 문화의 획일화를 방지하고, 문화의 창조와 변화에 기여 ④ 사회 성원들은 자신들의 의견, 희망, 신념을 표현하고 행동할 수 있는 표현의 자유를 얻음
부정적 기능	하위문화를 공유하는 사람들 간의 결속력이 지나치게 강화되면 전체사회와의 통합을 저해할 수 있음

3) 하위문화의 종류

(1) 지역 문화

지역문화는 한 나라를 구성하는 여러 지역 사회에서 지역 주민들의 동류의식을 바탕으로 형성되는 각 지역의 고유한 생활 방식과 사고방식으로 영남문화, 호남문화, 충청문화 등을 말한다.

지역문화는 ① 지역 사회의 구성원들의 정체성 확립과 유대감을 길러주고, ② 지역 관광 상품으로 개발되어 지역과 국가 경제 성장에 도움을 주며, ③ 다양한 지역 문화는 한 국가의 문화 다양성의 바탕을 제공한다. 예로서, 이천 도자기 축제, 보령 머드축제, 함평 나비축제, 기장 멸치축제 등 지역적 특성을 반영한 문화 축제나 문화 행사로서 지역문화 산업의 중요한 콘텐츠를 제공하여 지역 문화의 국제화를 가능하게 한다.

(2) 남녀 문화

화성에서 온 남자, 금성에서 온 여자라는 책처럼 남자와 여자는 같은 지구에서 살아왔지만 각자 다른 문화를 형성하였다. 예를 들면, 대부분 남자들은 성공을 하면 차로 자신의 위치를 입증하지만, 여자들은 명품백과 옷으로 자기 자신을 나타내는 등 남자와 여자의 차이가 많다고 보면 된다 그렇다면 왜 이렇게 차이가 나는 것일까? 그것은 남녀는 원시시절부터 사냥꾼 모드로 진화된 남자와 파수꾼 모드로 진화된 여자가 각각 다른 문화를 형성하여 왔기 때문이다.

4) 반문화

반문화(反文化 counterculture)란 사회의 지배적인 문화에 정면으로 반대하고 적극적으로 도전하는 하위문화를 말한다. 이런 현상은 기존의 지배문화를 내면화하지 못한 젊은 연령층에서 주로 나타난다. 예로서, 기존의 사회 질서에 반하는 1960년대 미국의 히피[4]문화, 비행 청소년집단, 과격한 여성 해방운동가의 모임, 종교적인 급진적 종파 운동, 동성애의 자유화 운동 등을 들 수 있다.

반문화의 특징은 첫째, 지배 문화에 대한 대항의 성격이 강하기에 시대나 사회에 따라 반문화의 규정이 달라진다. 유교가 지배적이었던 조선시대에는 천주교는 반문화였지만, 종교의 다양성이 인정되는 현대에서는 하위문화의 성격을 가진다. 둘째, 보수사회에 대한 저항의 문화로 작동하면서 사회 변화를 견인하는 역할을 한다. 기존 주류 문화를 대체하면서 사회 변동을 가져오기도 한다. 프랑스에서 지배층의 왕정문화와 대립적인 신흥 부르주아 문화로 대체되어 시민혁명을 비롯한 새로운 문화를 창출하여 근대 민주주의라는 새로운 지배문화가 되었다.

---

4) 히피 문화 : 1960년대 미국 샌프란시스코와 LA 등지의 청년층에서 시작된 것으로, 현재의 사회통념과 제도 및 가치관을 부정하고 인간성 회복과 자연으로의 귀의 등을 주장하며 탈사회적으로 행동하는 사람을 가리킨다.

4

문화분류

1. 호프스테드의 문화분류
2. 홀의 문화분류
3. 트리안디스의 문화분류
4. 대륙별 주요 문화

4 문화분류

제1절 호프스테드의 문화 분류

1 호프스테드 모형의 개요

호프스테드(Geert Hofstede)는 한 국가의 문화를 표현하기 위해서 각 국가에 포함되는 공통적인 문화요소들이 국가별로 어떠한 차이가 있는지를 보고자 하였다. 호프스테드의 IBM연구(Hofstede, 1980; 1995; 2005)는 국가 간 문화차이를 설명하는데 많이 인용된다. 호프스테드는 전 세계 10만 명이 넘는 IBM의 종업원들이 그들이 갖고 있는 태도와 가치관에 대한 자료를 수집하여 각 국가의 문화를 6가지 다른 기준, 즉 "차원(dimension)"이라는 용어를 사용했다.

호프스테드 문화 차원은 ① 권력격차(power distance), ② 개인주의 대 집단주의(individualism versus collectivism), ③ 불확실성회피 성향(uncertainty avoidance), ④ 남성다움 대 여성다움(masculinity versus feminity), ⑤ 장기지향성 대 단기지향성(long-term versus short-term Orientation), ⑥ 쾌락추구 대 억제(indulgence versus self-restraint) 등이 있다.

2 호프스테드 분류

1) 권력거리

권력거리(power distance : large vs. small)란 한 사회가 어떤 기관이나 조직에 권력이 불평등하게 배분되어 있다는 사실을 받아들이는 정도를 말한다. 한국의 권력거리는 60점이며, 조사 대상국가 중 28위를 차지하여 권력거리가 큰 나라에 속한다.

권력거리가 큰 문화는 위계질서가 강하고 직위를 내세우고 상사의 명령에 하급자는 복종하며 연장자에 대한 의존성이 강한 특징을 볼 수 있다. 예를 들어 어떤 조직에서 상사의 권위가 절대적이고 부하가 자신의 의견을 자유롭게 상사에게 말하기 어렵다면 이 조직은 권력거리가 크다고 할 수 있다. 한국, 인도, 일본, 대만 등은 권력격차가 큰 나라로, 미국, 덴마크, 오스트리아 등은 권력격차가 작은 국가로 나타났다.

〈표 4-1〉 한국의 권위주의 예와 변화

	현황	변화
호칭	다단계 직급	직급 단계 축소
눈치	윗사람의 기분상태 등 파악(바디랭귀지 중요)	명확한 지시
꼰데	과거 성공에 집착	리버스 멘토링
상명하복	의사결정권한 상급자 집중(지시중심 소통)	수평적 소통
연공서열	상급자 중심 성과급	공정한 분배
갑질	'까라면 까야 하는' 조직	을의 반격(사무직 노조), 직장내 괴롭힘 금지법

읽어보기 국가별 다른 조직 문화가 사무실의 공간 배치에는 어떤 영향을 미칠까요?

가구 회사인 스틸케이스(Steelcase)의 연구원들은 5년 동안 11개 다른 나라의 수 천개 회사들의 사무실 공간 배치와 문화적 척도와의 관계성에 대한 데이터를 수집했다.

1. 중국, 인도, 러시아, 모로코

중국은 높은 권위주의 지수로 사무실에서 위계질서가 중요하다. 간접적 대화와 접근 방식 지수가 높아 중국에서 화상 회의와 같은 의사소통 방식은 말로 전달되지 않는 맥락을 전달하는데 한계를 갖고 있고, 임원과 일반 직원의 공간은 분리되어 있으며 직원들이 함께 일을 할 수 있는 공간은 없다.

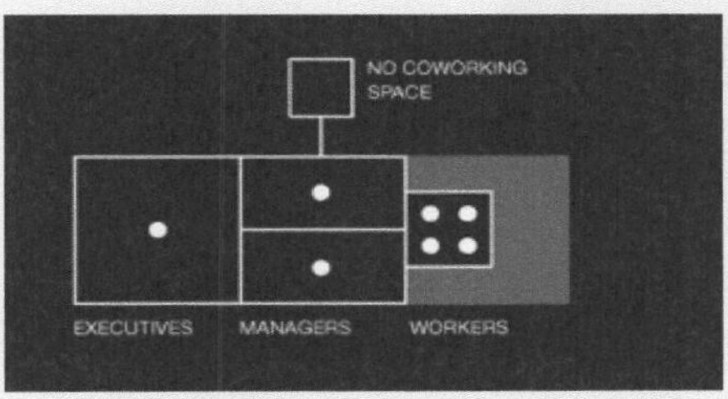

중국 사무실 배치
임원실 크고 공동작업 공간 없음

2. 프랑스, 스페인, 이탈리아

프랑스와 스페인, 그리고 이탈리아의 사무실 배치는 중국보다 훨씬 더 평등하다. 임원과 일반 직원의 공간은 분리되어 있지만 중국만큼 동떨어져 있지 않고 임원실의 크기도 작은 편이다. 직원들이 함께 일을 할 수 있는 공간이 있기도 하고, 직장 문화를 살펴보면 프랑스와 스페인은 여성적인 반면 이탈리아는 남성적이다.

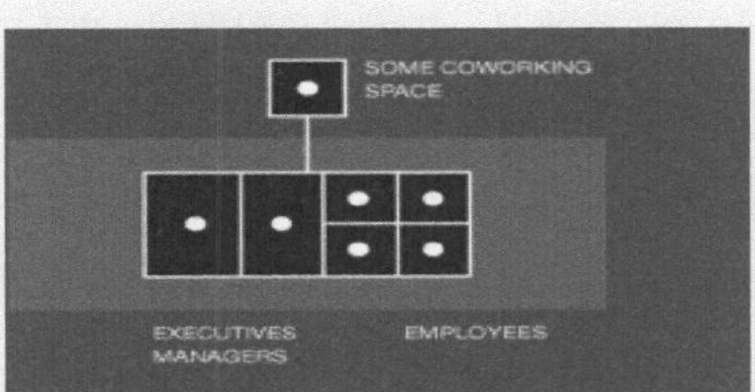

프랑스, 스페인, 이탈리아의 사무실 구조
중국보다 작지만 평사원보다 큰 임원실, 공동작업장 존재

3. 미국, 영국, 독일 및 네덜란드

미국과 영국, 독일과 네덜란드는 전혀 다른 사무실 구조를 가지고 있다. 이들 나라들은 개인주의적이긴 하지만 직장내 권위주의 지수는 매우 낮고 직원들간에 일을 수행하는데 있어 상의를 하는 경우가 많다. 네덜란드의 경우 조직 문화가 여성적이지만 다른 세 나라는 남성적이다.

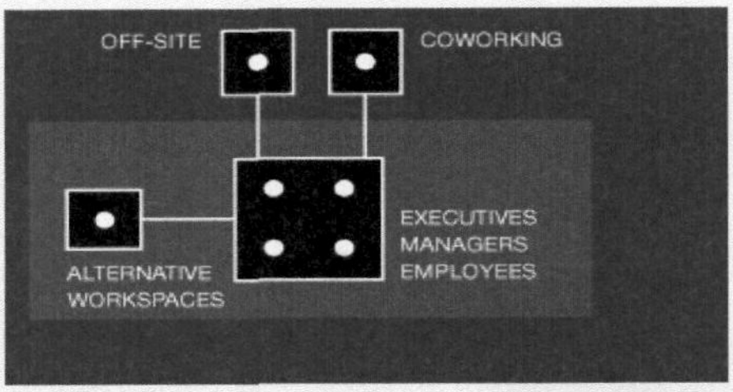

미국, 영국, 독일, 네덜란드의 사무실 배치
모든 직원들이 공간을 함께 공유

자료 : https://newspeppermint.com/2013/05/19/how-culture-shapes-the-office/

2) 개인주의 · 집단주의

개인주의(individualism-collectivism) 지수는 개인이 집단으로부터 얼마나 독립적으로 행동하는가를 나타내는 지수이다. 개인주의 지수는 아시아 국가들은 낮고 북미 · 유럽국가들은 높은데 미국이 91로 가장 높다. 같은 아시아권인 일본이 41인 반면에 한국은 18로 가장 낮은 편이다.

개인주의는 개인의 정체감이 개인의 선택에 의해 정해진다. 개인의 독특성이 최고의 가치이며 개인의 주체성, 흥미, 독립성이 강조된다. 인간관계가 아닌 업무와 경쟁을 통한 개인의 능력발휘, 자아실현, 개인의 행복이 최고의 미덕이다. 개인주의 문화는 명시적인 커뮤니케이션을 중시하는 저맥락문화(low-context culture)로 언어적 설득력과 메시지의 명료성을 중시해야 한다. 영어식으로 하면 우리 집은 '내 집(my house)', 가족도 마찬가지로 'my family', 'my father', 'my daughter'

로 표현한다.

집단주의는 자신을 우리(in-groups)라는 한 집단의 일부로 간주, 집단의 관점, 목표, 요구에 민감하며 자신이 속하지 않은 집단(out-groups)에 대해서는 배타적이며 자신이 속한 집단에는 충성심이 강하면서 그에 따른 의존도가 강하다. 자신의 생각보다는 타인의 생각과 타인으로부터의 인정에 큰 비중을 두는 체면과 수치(shame)의 문화이다. 비교적 비언어적이며 암묵적인 표현법이 강한 고맥락문화(high-context culture)에 해당된다. 상호의존, 집단구성원간의 조화, 사회적 지위, 가족의 안전 그리고 협동이 강조된다. 세계인구의 약 70%가 집단주의 문화권이다. 예를 들면, 우리는 내가 사는 집을 말할 때 '우리 집', 가족을 말할 때도 '우리 식구', '우리 아빠', '우리 딸'이라고 표현한다.

〈표 4-2〉 한국의 집단주의 예

	현황	변화
회식	퇴근 후 술 회식	워라벨 중요 (맛집탐방, 점심회식 등등)
팀제운영	팀 중심의 성과 중시	집단 내 개인주의
부서이기주의	부서이기주의로 조직 내 소통단절	협업중시
성과	집단의 성과 중시	개인의 성과 중시

3) 불확실성회피

불확실성회피(uncertainty avoidance) 지수는 어떤 사회의 구성원이 불확실성을 최소화함으로써 불확실/불안에 대처하려는 정도, 즉 불확실한 미래를 어떻게 받아들일 것인가를 나타낸다. 한국은 85점으로 세계에서 가장 불확실성의 회피 경향이 높은 사회 중 하나이다.

불확실성 회피 지수가 높은 사회는 안정성, 미래에 대한 예측 가능성을 추구하고 불확실한 미래에 대한 두려움이 존재한다. 불확실성의 회피가 높은 문화에는 거의 모든 상황에서 적절한 행동을 하도록 안내하는 명확한 규정과 규율이 많다. 한국, 일본, 대만, 멕시코 등과 같은 불확실성의 회피가 강한 사회에서는 미래에 대한 불안감이 강해 안정을 위하여 온갖 노력을 기울인다. 불확실성 회피성향이 큰 문화는 다양성·개성보다는 동일성과 따라하기를 선호한다.

한국은 세계에서 가장 빠른 인터넷 속도, 주체할 수 없을 만큼 넘쳐나는 정보의 양만 봐도 그렇다. 국룰이라는 용어, 다음 버스가 몇 분 뒤 도착할지, 도착지까지 얼마나 걸릴지 정확히 알려주는 시스템이 등장하였다. 미래의 불확실성을 최소화하는 중요한 수단으로 학벌과 스펙을 중요하게 여긴다.

불확실성 회피지수가 낮은 문화는 규정이나 법을 통해서 불확실성을 감소시키기보다는 불확실성이나 예상치 못한 변화를 당연한 것으로 받아들이며 다양성을 긍정적으로 인식한다. 미국, 덴마크, 홍콩, 인도, 자마이카 등이 여기에 속한다. 미국은 원칙을 지키며 확실한 해결책이 나올 때까지 시간이 흐르는 것을 꺼리지 않는 경향, 즉 효율보다는 원칙을 중시하는 경향이 강하다.

읽어보기 **불확실성 회피성향이 높은 싱가포르와 독일**

인구 중 77.7%의 중국계를 중심으로 다 인종 사회를 형성하고 있는 싱가포르는 인종간, 문화간의 애매모호함을 방지하기 위해 법·제도를 강화했다. 애매모호함을 죽기보다 싫어하는 싱가포르 법질서의 엄중함은 과히 세계적이다. 이런 성문화된 제도와 지정학적인 위치 덕분에 싱가포르는 아시아에 속해 있기는 하지만 사회적으로 가장 서구적인 나라가 됐다.

가장 강력한 유교적 도덕주의를 지향하는 이곳에서 마약 거래를 하면 강제적 사형(mandatory death penalty)을 당한다. 사람들이 줄을 서는 공공장소에서의 흡연은 법으로 금지되어 있다. 'Clean Green' 정책을 표방하고 있어 만에 하나 거리에서 담배꽁초나 쓰레기를 버리면 500싱가포르달러(한화 약 40만원 상당)의 벌금을 내게 된다. 또 기물 파손 및 훼손, 장물 보관, 강간 등 파렴치한 행위 등에 대해서는 강제적 태형(곤장)제도를 엄격히 집행하는데, 1994년 4월 미국인 학생이 이 죄목으로 적발돼 태형을 당하기도 했다.

애매모호함에 대해 참을성이 없는 민족이 독일이다. 독일 사람들 역시 사회질서를 법질서의 준수에 둔다. 이들은 지구상의 민족 중에서 가장 원칙적이고 구조적이고 조직적이다. 대부분의 독일 사람들은 분명한 절차와 원칙을 가지고 행동하며 불확실한 상태에서 일하는 것을 가장 싫어한다. 이들의 '확실함(certainty)' 노이로제는 생활 전반에서 관찰된다. 물 대신 맥주를 마시는 독일인들의 맥주잔에는 눈금이 매겨져 있어 정량이 나오는지 손님이 눈으로 확인할 수 있도록 돼 있다.

자료 : 애매모호함과의 전쟁(이코노미플러스 & economyplus.Chosun.com, 2012년 09월 33호)

4) 남성다움 · 여성다움

남성다움 · 여성다움(masculinity/feminity)은 사회 내에서 지배적인 가치가 어느 정도로 '남성다운가'라는 것을 나타내는 지수이다. 한국의 남성성지수는 39/100로 다소 여성적인 문화를 띠고 있다. 남성과 여성의 사회적 역할의 구분을 극대화하는 사회를 '남성다운' 것으로 보고, 상대적으로 그것을 극소화시키는 사회를 '여성다운' 것으로 보았다.

남성성이 강한 사회는 남녀 간의 역할 차이가 분명하며, 권위적인 위계질서, 남성 우월주의적 특성, 가부장제를 중심으로 한 대가족제도와 함께 도전적인 성향과 공격적인 성향을 지니고 있고 성공과 업적을 중요시하며 남녀간 성 역할의 차이가 분명하며, 일본, 멕시코, 미국 등이 남성다운 문화에 속한다.

여성성이 강한 문화는 삶의 질, 서비스, 남에 대한 배려 및 양육성, 순종성, 자기희생, 의존감, 민감성, 동정심, 질투심 등 사람 중심에 높은 가치를 부여하며, 남녀간 성 역할의 차이가 거의 없다. 한국, 덴마크, 대만 등은 여성다운 문화로 분류하였다.

5) 장기 및 단기 지향성

장기지향성과 단기지향성(long-term and short-term Orientation)은 호프스테드와 본드(1988)가 동아시아 국가들의 역동적 경제성장에 주목하여 후에 진행한 연구로 유교의 어떤 부분이 이들 국가들의 고성장을 이루어냈는가를 분석한 지수로 유교적 역동성(Confucian dynamism)이라 불리며 한국은 100점으로 93개 조사국 중 1위이다.

장기지향성은 장기적인 성취를 위해 더딘 결과를 기꺼이 인정하는 문화이다. 또한 개인에 대해 조직이 우선시되며 지위에 의한 인간관계 서열과 이 질서의 존중을 중시한다. 장기지향성이 높은 사회는 어떤 일을 할 때 자유, 권리, 성취, 독자적 사고보다는 통합, 정직, 적응, 책임, 자기 절제와 같은 가치를 중요하게 여긴다. 선과 악은 보편적 지침보다는 상황에 따라 구분되기 때문에 A가 옳더라도 A의 반대인 B도 옳을 수 있다고 믿는다.

단기지향성은 한 사회가 성취나 사회적 위치 등을 위한 사회적 요구를 쉽게 수용하는 사회로써 빠른 결과를 기대하는 문화이다. 이념이나 신앙, 전통적인 관습보다는 실제 생활에 유용한 덕목과 장기적인 관점에서의 이익을 추구한다. 미국은 26으로 한국보다 더 이념적이고 단기적인 이익에 집중하는 사회라고 할 수 있다. 이는 미국 국민의 높은 애국심, 종교, 낙태, 동성결혼과 같은 이념적인 이슈와 함께 단기이익을 중요시하는 기업경영의 경향에서 볼 수 있다.

6) 쾌락추구와 억제

쾌락추구(indulgence)와 억제(self-restraint)는 사회구성원의 자신의 욕구와 충동에 따라 행동하는 경향을 나타내는 지표이다. 한국은 29점으로 세계에서 쾌락추구의 경향이 가장 낮은 국가이다.

쾌락추구의 점수가 낮은 사회는 비관적이고 냉소적인 경향을 보이고 여가생활이나 취미활동에 대한 욕구가 낮고, 심지어 이런 활동에 대한 죄의식을 느끼기도 한다. 한국은 '이거 하지마라', '저거 하지마라' 잔소리하는 사람들이 많다.

쾌락추구의 지수가 높은 국가들은 대체로 낙관적이고 삶을 즐기려는 경향을 보인다. 이 사회에서 여가생활과 휴가는 매우 중요하게 인식된다. 아시아와 동구권의 국가에서 낮고, 서구 국가들은 중상위 수준을 보인다.

〈표 4-3〉 각 차원에 따른 사회구분과 사회의 주요 특성

개인주의 사회	집단주의 사회
• 각 개인의 독특성이 최고의 가치를 지니며 개인의 주체성, 흥미, 독립성이 강조된다. • 인간관계가 아닌 경쟁을 통한 개인의 능력발휘, 자아실현, 개인의 행복을 최고의 미덕으로 생각한다.	• 자신을 '우리'라는 한 집단의 일부로 여기며 집단의 관점, 목표, 요구에 민감하다. • 자신이 속하지 않는 집단에 대해서는 배타적이며 자신이 속한 집단에는 충성심이 강한 반면 그에 따른 의존도도 강하다. • 개인의 쾌락보다 집단의 사회적 규범이 우선시되는 경향이 있으며 업무보다 인간관계에 우선을 둔다.

높은 권력거리의 사회	낮은 권력거리의 사회
• 위계조직을 인정하는 것은 당연하고 지위는 권력을 보여주는데 중요한 의미를 가진다. • 위계질서가 뚜렷한 만큼 상하 간의 결속력과 의존성이 높으며 집단주의적 특징이 있다.	• 권리와 기회의 평등이 강조되고 모든 인간은 평등하다는 기본전제를 가진다. • 위계질서는 편의상 설정된 역할의 구분이다. 상호간의 독립성이 존중된다. • 상사와 부하직원간에는 협의를 통한 일처리가, 직장 밖에서는 서로 독립된 개인으로 사생활, 자유가 보장된다.
남성성 사회	**여성성 사회**
• 자기주장이 강하고 경쟁을 좋아하는 특징을 가진다. • 돈과 재물 획득에 관해 관심이 있으며 물질적인 성공을 추구한다.	• 인간관계 및 생활환경에 더 큰 관심이 있다. • 삶의 질에 가치를 부여하는 사회를 지향하며 타인에 대한 애정, 겸손, 부드러움의 특징을 가진다.
높은 불확실성회피성향의 사회	**낮은 불확실성회피성향의 사회**
• 안전을 중요한 가치로 여기며 형식적·관료적 규칙, 전문가의 충고에 많이 의존한다. • 상이함과 모호함에 대해 견디지 못하며 새로운 것에 대한 두려움이 있다.	• 모험이나 변화를 수용하며 최소한의 규칙을 바람직한 가치로 본다. • 경쟁이나 갈등은 당연한 것으로 받아들인다. • 개방적인 학습 분위기와 자유로운 토론을 중시하며 삶의 가변성을 수용한다.
장기지향 사회	**단기지향 사회**
• 절약, 자원을 아끼는 경향이 있으며 높은 저축률을 보임. • 먼 미래를 내다보면서 꾸준히 노력 가족 중심의 가부장적 문화 • 교육과 인재개발 우선시 • 근면 성실함을 중요시 • 체면에 대한 관심	• 현재 삶을 중요시하여 낮은 저축률을 보임 • 당면한 문제 해결을 위한 노력 • 창의적 교육을 지향하고 토론 중시 • 빠른 결과를 기대하는 결과 지향적 • 체면보다는 자신의 위신을 보호

쾌락주의	억 제
• 매우 행복하다고 말하는 사람들이 많다. • 개인의 삶에 대한 제어력에 대한 인식 • 여가를 중요하게 생각한다. • 좀 더 긍정적인 감정을 상기하려 한다. • 좀 더 많은 사람들이 활동적인 운동을 한다. • 충분한 식량이 있는 국가에서 비만율이 높게 나타난다.	• 매우 행복하다는 사람들이 적다. • 무력함에 대한 인식 : 자신이 하지 않은 일이 자신에게 일어남. • 여가를 중요하게 생각하는 비율이 낮다. • 긍정적인 감정을 상기시키는 비율이 낮다. • 활동적인 운동을 하는 사람들이 더 적다. • 충분한 식량이 있는 국가에서 비만율이 낮게 나타난다.

출처 : 이경원, "한국의 문화가치 변화-Hofstede 문화차원을 중심으로 한 경험적 연구", 「사회학대회 논문집」, 한국사회학회, 2013.12, pp. 1099-1100.

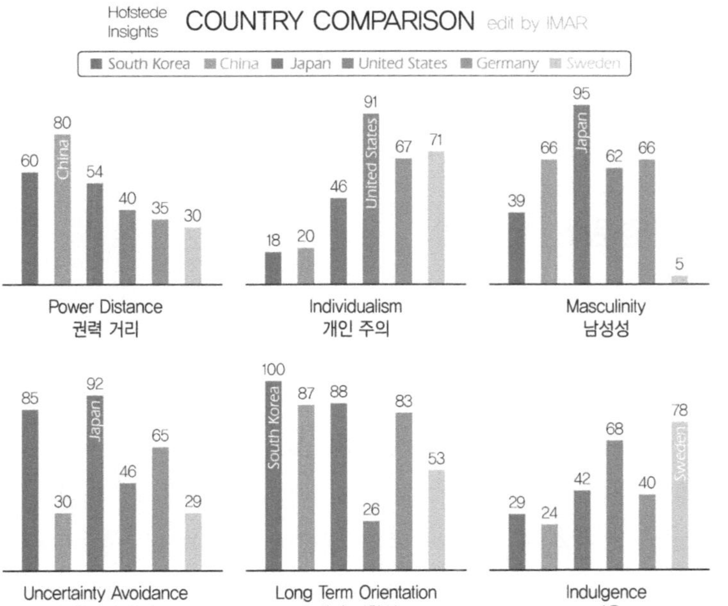

출처: https://www.hofstede-insights.com/country-comparison/

[그림 4-1] 호프스테드 문화분류

제2절 홀의 문화분류

1 홀의 모형

홀(Edward T. Hall, 1997)은 문화를 묵시적인 언어, 즉 상징을 통해 이루어지는 커뮤니케이션의 수단으로 인식하고 5가지 묵시적인 언어를 제시하였다. 문화에 따라 시간, 공간, 재물, 우정, 계약 등 5개의 묵시적인 언어를 사용하고 인식하는 방법이 다르다고 주장하였다.

홀은 문화를 고배경문화(high-context culture : HCC)와 저배경문화(low-context culture : LCC)로 구분하였다.

2 고배경문화와 저배경문화

1) 고배경문화

고배경문화(high-context culture : HCC)에서는 메시지 발신자와 수신자가 사회적 통념, 관습, 경험, 정보 등 많은 부분을 공유하고 있기 때문에 대화할 때(커뮤니케이션 메시지를 전달할 때) 상대방에게 구태여 어떤 사안에 대해 자세하게 설명하지 않더라도 상대가 자신의 메시지를 이해할 것이라고 가정한다. 또한 발신자가 말을 잘 전달하는 것도 중요하지만 수신자가 그 말이 어떤 맥락에서 어떤 의미인지 제대로 이해하는 것이 더 중요하다고 생각한다. 재래시장에서 물건을 살 때 "두서너 개" 달라고 하면 파는 상인이 알아서 "세 개" 또는 "네 개"로 이해하는 것도 우리나라가 고배경문화임을 보여주는 예이다.

고배경문화는 커뮤니케이션을 비언어적 요소에 주로 의존하는 문화로서 한국, 중국, 일본 등 동양권의 국가와 중동국가 등이 이에 속한다고 하였다.

2) 저배경문화

저배경문화(low-context culture : LCC)에서는 상대방이 나와 공유하는 부분이 많지 않기 때문에 메시지의 발신자는 수신자가 잘 알아들을 수 있도록 수신자의 특성에 맞춰 최대한 자세하고 효과적으로 정보를 제공해야 상대방이 잘 이해할 수 있다고 가정한다. 저배경문화는 커뮤니케이션을 주로 언어적 표현에 의하여 의존하는 문화로서 미국, 독일 및 스칸디나비아국가 등이 속한다.

Kopelman & Olekalns(1999)은 저배경문화의 협상자는 비언어적 의사소통이나, 인간관계를 중요시 여기지 않는 반면에, 고배경문화의 협상자는 당사자간 관계구축을 중요시 여기며, 비언어적 의사소통을 중요시한다고 하였다. 반만년 역사를 가진 단일민족으로 단일 언어를 쓰는 우리나라와 세계 각국의 이민자들로 이루어진 300여 년 역사를 가진 미국과는 커뮤니케이션 방식에 차이점이 있을 수밖에 없는 것이다.

3) 고배경문화와 저배경문화 비교

고배경문화와 저배경문화의 차이점은 다음과 같다.

① 고배경문화에서는 간접적 의사소통 방식을 사용한다. 의사전달자의 배경, 연상, 기본적인 가치관 등에 더 많은 정보가 포함되어 있기 때문에 실제로 구두로 나타나는 메시지에는 정보가 적게 포함된다(중국, 일본 및 아랍문화).

반면에 저배경문화에서는 직접적인 의사소통 방식을 사용하여 메시지가 명백하며, 대화를 통하여 대부분의 정보가 교환된다(미국 또는 독일의 문화). 고배경문화에서는 협상을 할 때도 직설적으로 '아니오'라고 말하지 않고, '검토해보겠습니다'라는 식으로 우회적으로 표현하는 반면에 저배경문화에서는 직접적으로 '예'와 '아니오'를 표현한다.

② 고배경문화에서는 법률적인 서류보다 개인의 말을 더욱 신뢰하지만, 저배경문화에서는 법률적인 서류가 더욱 중요하다.

③ 조직에서의 책임문제가 발생했을 때, 고배경문화에서는 조직의 최고위층에 있는 사람에게 그 책임이 주어지나 저배경문화에서는 될 수 있는 한 그 책임과 관련된 최하위층에게로 옮겨진다.

④ 다른 문화권에 속해 있는 사람들은 공간을 인식하고 구분하는 각각의 방식을 가지고 있다. 예를 들면 고배경문화의 민족인 아랍인들은 서로 이야기를 나눌 때 매우 가깝게 접근하여 상대방을 향해 숨을 내쉬는 반면에, 저배경문화 국가인 미국은 여타의 국가들과 비교하여 볼 때 상대방과의 지나친 접근은 피하고 45cm~1.2m 정도 떨어져서 대화한다.

⑤ 고배경문화에서는 관계지향적 특성 때문에 갈등과 마찰을 회피하고 조화를 위해 배려와 협력을 중시한다. 저배경문화에서는 업무중심적이고 성과주의적 성격으로 인하여 적당한 갈등은 경쟁과 성과를 유발한다고 보며, 갈등 발생보다는 해소에 중점을 둔다.

⑥ 이 외에도 고배경문화에서는 입찰의 대상이 되는 작업을 가장 잘 수행할 수 있고 가장 통제하기 쉬운 응찰자에게 일거리를 주는 반면에, 저배경문화에서는 입찰조건을 명시하여 낙찰자가 작업을 수행함에 있어 그 요건을 위반하지 못하게 한다.

〈표 4-4〉 고배경문화와 저배경문화의 특징

<table>
<tr><th>high-context(고배경문화)</th><th>low-context(저배경문화)</th></tr>
<tr><td>주위상황으로부터 정보 얻음</td><td>발화에 의한 정보의 자유로운 유통</td></tr>
<tr><td>비언어적 중요성</td><td>비언어적 단서, 환경과 상황에 비 의존</td></tr>
<tr><td>정보를 얻기 위해 물리적 상황에 의존</td><td>상세한 배경 지식에 대한 요구</td></tr>
<tr><td>환경, 상황, 제스처, 분위기 등이 감안됨</td><td>정보의 분석과 구분</td></tr>
<tr><td rowspan="3">폭넓은 정보, 네트워크 구축, 유지</td><td>필요에 따라 정보통제</td></tr>
<tr><td>정보 공급자로부터 명시적이고
세심한 지침을 선호</td></tr>
<tr><td>지식은 상품</td></tr>
</table>

홀은 각 국가의 문화를 몇 가지 요소로 분석하였으나, 기본적으로 문화인류학적인 연구의 구조를 취하고 있으며 그 모형이 지나치게 기술적이고 주관적이라는데 그 한계가 있다. 아울러 고배경문화와 저배경문화로 구분하는데 있어서 경계가 불분명하다는 약점을 가지고 있다. 그러나 홀의 분석방법은 비교문화적인 훈련에 대해 생소한 우리나라 해외진출 기업들이 해외파견사원들을 위한 현지문화적응훈련모델의 설계에 도움을 줄 수 있다.

제3절 트리안디스의 문화분류

1 트리안디스의 모형

트리안디스(Triandis, 1995)는 심리에 영향을 주는 사회문화적 요소를 규명하기 위하여 문화에 대한 관심을 가졌으며, 다른 사람과의 관계 및 권력과의 관계를 기준으로 삼아 ① 개인주의-집단주의 ② 수직주의-수평주의로 구성되는 문화 차원을 2차원으로 동시에 교차적으로 분석하기 위하여 수평적 개인주의, 수평적 집단주의, 수직적 개인주의, 수직적 집단주의로 구성되는 총 네 가지의 문화유형이 구성될 수 있다.

트리안디스의 집단주의-개인주의 차원은 대인교류의 양상, 조직의 특성, 의사소통의 특성, 사고의 형태, 분배양식, 갈등의 진행 및 해소, 자기에 대한 규정 양식 등에 관한 문화권의 차이를 설명하는데 매우 유용한 것으로 밝혀졌으며, 사회심리학에서 매우 광범위하게 다양한 현상을 설명해 줄 수 있는 이론 틀로 활발하게 활용되고 있다. '대인관계에서 위계질서를 강조하는가 아니면 평등성을 강조하는가'에 따라 수직적-수평적 가치성향의 구분을 하였다.

2 트리안디스의 문화분류

트리안디스의 수직적 문화에서는 내집단을 위해 봉사, 희생하고 개인의 의무, 역할을 수행하는 것이 당연하게 받아들여지며 구성원간의 위계질서와 지위에 따른 불평등한 대우를 당연시한다. 반면 수평적 문화에서는 내집단 구성원들 간의 사회적 응집성이 강하고 집단적 단위의 정서가 잘 받아들여지며 사람간의 동등성 역시 당연시되는 특징을 지닌다.

트리안디스의 문화권 분석은 다음과 같이 4가지 차원으로 설명할 수 있다.

첫째, 수평적 개인주의 가치 성향의 사람들은 자율적인 개인으로 여기며, 타인과 동등한 관계에서의 활동을 선호하지만, 남보다 탁월한 존재로 여기거나 높은 지위를 지향하지 않는다.

둘째, 수직적 개인주의 가치성향의 사람들은 자신은 자율적 개인으로 여기며, 자신의 독특함과 개성을 강조하면서 타인보다 우월하기를 인정받고 싶어하기 때문에 인간관계를 경쟁적으로 보고, 사회적인 지위에 관심이 크다.

셋째, 수평적 집단주의 가치성향의 사람들은 공동체적 목표를 강조하며, 대인관계를 중요하게 여기지만, 사람들 간의 지위격차나 위계성, 사회적 권위를 중시하지는 않는다.

넷째, 수직적 집단주의 성향의 사람들은 집단을 중시하고 공동의 목표나 일체감을 강조하고, 집단을 위한 개인의 희생을 당연시하며, 서로간의 위계질서가 확고하고 이를 존중하는 경향이 강하다(Triandis & Gelfand, 1998: 한규석·신수진, 1999, 재인용).

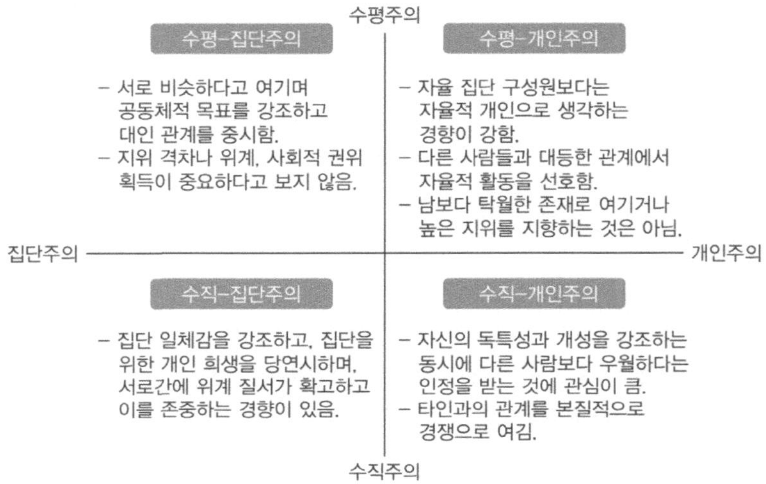

자료 : 박지원, 조직 내 개인주의 피하기보다 꽃피울 대상, LG경제연구소, 2016. 10. 12., p.29.

[그림 4-2] 트리안디스 4가지 문화 구분 모델

제4절 대륙별 주요 문화

1 아시아

아시아는 세계 인구의 반 이상을 차지할 정도로 세계 최대의 인구를 가진 지역이다. 많은 인구가 살고 있는 것은 전통적으로 많은 노동력을 필요로 하는 벼농사를 짓기 때문이다. 아시아는 인구가 많은 만큼 사람 사는 모습이 가장 다채로운 곳이어서 다양한 문화를 갖고 있다. 아시아는 세계의 모든 종교가 있으며, 모든 인종, 향신료, 교통수단이 다 있으며, 고대부터 많은 기록문화 유산이 현재까지 전해지고 있기도 하다.

아시아 대륙은 동아시아, 동남아시아, 중앙아시아 등으로 구분되기도 하지만 문화적으로 중국문화권, 인도문화권, 동남아 문화권으로 구분되기도 한다. 이들 각각 문화권의 특징을 간략히 보면, 중국문화권에 속하는 한국, 일본, 중국, 홍콩, 마카오 등의 나라는 몇 가지 공통점을 가지고 있다. 첫째로, 이들 나라는 모두 한자를 사용하는 한자 문화권이고, 또한 유교, 불교, 도교, 힌두교 등 각종 종교가 조화를 이루면서 발전하였다. 종교와 자연 현상 때문에 인간관계에서 고배경문화적 특징으로 간접적 의사소통을 중요시 여긴다.

아시아 문화는 다음과 같은 3지역으로 나눌 수 있다.

첫째, 동부아시아로 우리나라, 중국, 몽골, 일본, 타이완이 속하며, 역사적으로 서로 긴밀한 관계를 가지고 있다. 공통적인 문화요소로는 젓가락, 유교, 불교, 한자 등에 영향을 받았으며, 특히 중국은 고대문명의 발상지이며(황하문명), 동서무역의 중심지이기도 하였다

둘째, 동남아시아로 인도네시아, 말레이시아, 태국, 필리핀, 라오스, 베트남, 미얀마 등이 속한다. 이들 지역은 화교, 인도인, 유럽인, 원주민 등 복잡한 인종으로 구성되어 있으며, 인도문화, 중국문화, 이슬람문화, 유럽문화 등 많은 문화가 다양하게 분포되어 있다. 종교도 크리스트교, 불교, 이슬람교 등 다양하다.

셋째, 남부아시아로 인도가 대표 국가이며 고대문명의 발상지로 인더스문명이 탄생한 곳이다. 이 지역은 불교와 힌두교 등 종교의 발상지이기도 하지만, 종교(불교, 이슬람교, 힌두교)로 인해 민족분쟁이 일어나기도 한다.

2 중동

중동은 이슬람국가들로 구성되어 있다. 이슬람인들은 이슬람이 곧 종교임과 동시에 법이고 가치기준이며, 경전 코란 및 이슬람교도의 일상생활 및 언행에 대한 준칙을 제시한 무함마드의 언행록인 “하디스(Hadith)”에 생활의 구속을 받으며 종교적 의무의 실천을 지상과제로 하는 특이한 사회이다.

또한 사막이라는 지형적 특성과 유목생활로 자연과 꾸준히 투쟁하여 왔으며, 지형적 고립주의로 부족이 위험에 직면하였을 경우 이를 극복하기 위하여 혈족내부의 단결이 무엇보다 필요하여 개인의 역할이 무시되었다[5].

이슬람인들은 사막이라는 고립된 지형적 특성으로 혈족내부의 단결과 부족 집단에 대한 복종이 강조된 계급사회로서 개인의 역할은 가족관계에 의존하여 개체(identity)는 개인적 특성에 의존하기보다는 가족의 특성 및 집단내 다른 것에 의존한다. 개인의 발전보다는 가족, 종족, 사회, 국가 또는 이슬람 형제 특히 이슬람 공동체에 대한 희생을 강조하며, 성과에 대한 포상은 직위에 따라 차등 포상된다.

이슬람인들의 충성심은 기업과 고객 간의 관계뿐만 아니라 기업과 기업의 관계, 그리고 고용주와 피고용주와의 관계에서도 적용된다. 집단주의 성향이라는 면에서는 한국과 같지만, 내용면에서 전혀 다른 특징을 가지고 있다. 한국에서는 공동의 안녕과 번영이라는 측면에서의 집단주의 성향이 강한 반면에 이슬람인들은 국가기관에 대해서는 관심과 책임이 별로 없으며, 공동노력이나 공동 관심사에는 등을 돌리고 개인적인 복지, 가족 및 혈연의 안녕 및 전통에 남다른 관심과 의지를

---

5) 佐久間 賢, 「交渉の戦略」. 實踐教育出版, 1987, p. 74.

보이는 특징을 가지고 있다.[6] 그래서 매사 자기위주로 생각하고 모든 약속이나 계약내용도 자기중심적으로 판단하려고 하며 국제관습이나 관행도 무시되는 경우가 많다.

이슬람인들은 사회적 상호작용이 매우 의례적이어서 관습적 공식성과 의정서(protocol) 등의 인간관계를 맺는 절차가 필수적이다[7]. 따라서 이슬람인과 협상시에는 공식적 절차가 중요한데, 추진중인 거래가 잘 진행되도록 하기 위해서는 쟁점을 토론하기에 앞서 커피와 차를 마시면서 인간적 관계를 맺는 사전적 기간을 갖는 것이 중요하다.

이슬람인과 인사를 나눌 때에는 먼저 본 사람이 하고 젊은 사람이 연장자에게 하며 평화의 인사인 [살람아레이꿈]이라고 말한다. 친한 사이인 경우는 악수를 하고 난 후 [까이프하락]라는 말과 함께 상대방 어깨를 껴안고 양쪽 볼에 키스를 한다. 악수를 할 때에는 손을 세게 잡지 않고 상대방에게 지지 않을 정도로 당당하게 그리고 상대방의 눈을 보고 악수하며, 대화를 할 때에는 직업, 연령, 가족관계 등 개인적인 것에 대한 질문을 해서는 안되는데, 이는 자신을 해치는 악령에게 자신을 알린다고 생각하기 때문이다. 또한 종교 및 이스라엘에 관한 것에 대한 것을 화제로 삼아서는 안된다

이슬람지역에서는 식사는 오른손으로 하며 왼손은 불결한 것을 집을 때 사용한다. 또한 개인관계를 원만히 하기 위해 선물을 줄 때에는 뇌물이라는 의미를 줄이기 위하여 공개적으로 제공되어야 하며 초대를 받았을 때에는 음식이나 음료를 가져가면 안된다.

---

6) 박정남, 「이슬람과 아랍」, 홍익출판사, 1986, pp. 126~127.
7) Paul A. Herbig and Hugh E. Kramer, *op.,cit.*, p. 291.

3 유럽

유럽문화는 다신교문화에서 기독교문화로 성격이 변하면서 그리스와 로마 문명을 중심으로 형성되기 시작하여 기독교의 발전과 쇠락 그리고 봉건제도의 발전을 토대로 제국으로 발전 되어갔다. 전통 카톨릭은 종교혁명을 거치면서 신교와 구교권으로 양분되었다. 동방문화의 영향을 받은 동유럽은 다시 그리스 정교의 문화권에 들어가면서 서로 독자적인 문화로 발전해 나갔다.

프랑스 대혁명 등 여러 혁명을 거치면서 유럽은 시민사회로 발전하고 동시에 이념적 투쟁이 치열하게 대립하게 되었으며, 산업혁명을 거치면서 유럽 각국은 경제적 격차 및 문화적 차이로 인해서 삶의 양식이 다양해졌다. 특히 정치적 이데올로기가 문화적 다양성과 복잡하게 얽히면서 인종주의, 전쟁 및 정치적 갈등을 야기했다. 이러한 외면적 변화는 유럽인들의 일상적인 삶의 양식을 급격하게 변화시켰으며, 이로 인해서 유럽은 현대 사회로 접어들었다.

유럽인들은 크게 라틴족, 게르만족 및 슬라브족으로 나뉜다. 라틴족은 지중해 연안을 바탕으로 이탈리아, 프랑스, 스페인에 주로 거주하며, 가톨릭을 믿으면서 전통적 가족 개념이 준수되고 있으며 여성의 사회적 지위가 상대적으로 낮다. 라틴족은 유럽문화의 근원으로 예술성, 창의성과 강한 개성을 지녔다.

게르만족은 북유럽을 중심으로 독일, 영국, 덴마크 등에 주로 거주하며, 현재 유럽을 경제적으로 이끌고 있는 민족이다. 신교를 신봉하고 동성 결혼이나 여성의 사회 진출을 보장하는 등 보다 진보적이고 개방적인 성향을 갖고 있다. 근면과 성실, 정직은 긍정적으로 평가를 받으나 극심한 인종주의나 개인주의적 성향 등의 부정적인 이미지가 존재한다.

슬라브족은 동유럽, 러시아 우크라이나, 폴란드 등에 주로 거주하고, 가톨릭의 영향을 강하게 받은 그리스정교가 지배적이며, 동방의 문화와 이슬람 문화의 영향을 받았다.

유럽은 지역 혹은 국가별로 그 변화의 속도나 다양한 삶의 방식이 무수한 경우의 수로 변화되어서 여러 가치관이 혼재 혹은 공전하고 있다. 수백 년의 전통을 복원해서 현대 사회에 적용하면서 정체성을 찾으려고 하는 한편으로는 기존의 전통적 관습과 삶의 방식을 거부하는 극단적인 진보주의를 적극적으로 수용하게 된다.

유럽인들은 삶의 질에 높은 가치를 두어 가족 생활이 가장 중요하여 여가시간은 가족과 함께 보내고 한달 간 여행도 보편적이다. 미국과 차이는 사업을 낮게 보고, 전문직, 교수, 의사, 변호사, 엔지니어 등에 보다 가치를 두며 보수적인 성향이 크다.

4 아메리카

1) 북미아메리카

북미지역은 동쪽에는 애팔레치아 산맥, 서부에는 높고 험한 로키 산맥이 있다. 애팔레치아 산맥의 동쪽 대서양 연안에는 평야가 나타나며, 로키산맥은 환태평양 조산대로 지진과 화산활동이 잦다. 서부와 동부 사이에는 낮고 평탄한 중앙 평원이 있으며, 과거에 빙하로 덮여있던 캐나다나 미국 북부지역은 오대호와 같은 빙하지형이 많이 분포하고 있다.

북미인들은 주로 영국과 북유럽인들의 이주로 영어와 크리스트교 등 앵글로색슨계 유럽 문화가 전파되어 유럽문화에 뿌리를 두고 있다. 원주민인 아메리칸 인디언은 학살 등으로 그 수가 많이 줄어, 지금은 원주민 보호구역 같은 곳에서 살고 있다.

북아메리카의 남쪽 식민지들은 아프리카인들을 강제로 데려와 노예로 삼아 노예 노동 없이는 불가능한 농업 경제를 발전시켰다. 많은 노예들은 Plantation이라 불리우는 대농장에서 살았으며, 이들 대농장은 목화나 담배와 같은 중요한 작물을 재배했다. 이러한 역사적 배경으로 인해 북미인의 인종은 유럽계의 백인을 중심으로, 아프리카의 흑인, 라틴계, 그리고 우리와 피부색이 비슷한 아시아계 등이 있다.

미국인들은 유럽대륙에서 신대륙으로의 이주, 서부개척의 역사적 배경 등으로 무(無)에서 유(有)를 창조하고(made something out of nothing), 광활한 대지에서 살아남기 위하여 개인주의적인 독립성을 강조하는 가치관이 형성되었다. 이러한 가치관으로 개인의 개성, 자율, 경쟁, 성취 등을 강조함으로써 권익, 격식, 집단적 합의, 연장자 우대보다는 공정한 경쟁과 성과의 중시, 개인적이고 전문적인 업무방식을 선호하도록 하는 평등, 자유, 개방성, 자기신뢰, 협동에 우선 순위를 두고 있다.

북미인들의 의사소통은 자신의 생각이나 느낌을 상대방에게 어떻게 잘 전달하느냐를 중시하기 때문에 비언어적 의사소통은 중요하지 않다. 특히 의사소통에 있어서 직접적으로 '예'와 '아니오'를 분명하게 한다. 서신교환은 상대방에게 정보를 제공하여 그에게 약속을 얻어내고 행동계획을 수립하려는데 목적이 있다.

2) 남미아메리카

중남미 문화는 그 광대한 지형만큼 다양한 인종과 문화를 가지고 있다. 남미지역은 이베리아반도인들인 스페인과 포르투갈 사람들이 주로 이주를 해왔다. 다른 유럽인들에 비해 상당히 유화적이고 개방적인 특성을 갖고 있고 타 인종과의 결혼 등에 대해 매우 관대한 문화적 배경까지 있다.

감성적 기질이 풍부한 중남미 문화는 스페인어를 사용하고 있고, 스페인 문화에 영향을 받았으며, 로마 가톨릭을 주요 종교로 하고 있다는 공통점도 있지만, 콜럼부스가 아메리카 대륙을 발견한 이래 500년이 넘는 동안 인디오와 흑인과 유럽인의 자손들은 서로 이질적인 요소들을 녹여 만든 다양함을 특징으로 하고 있다.

스페인의 가족사회 단위 중심으로 잘 뭉쳐진 문화는 중남미 국가들의 문화에 그대로 반영되었다. 아즈텍의 피라미드와 잉카의 마추피추 유적으로부터 현대 회화나 건축에 이르기까지 많은 문화적 유산들이 남아 있다.

중남미 문화는 정열적으로 몸을 흔들어대는 춤과 음악의 대륙이다. 아르헨티나의 탱고, 브라질의 삼바, 쿠바의 쏜과 살사, 도미니카의 메렝게 그리고 파나마의 꿈비아 등이 대표적인 중남미 국가의 춤이다.

탱고는 처음으로 세계적으로 알려진 라틴아메리카 춤이다. 라틴계의 민족성을 잘 드러내고 있는 탱고는 시원스러운 동작과 함께 정열적인 리듬으로 연주된다.

살사는 스페인어로 소금을 뜻하는 「sal」과 소스라는 뜻의 「salsa」에서 유래되어 1950~60년대에 뉴욕으로 이주한 쿠바인과 푸에르토리코인들이 발전시킨 리듬댄스이다. 음식의 양념소스라는 이미지처럼 격렬하고 화끈하며 건전하고 율동감이 넘치는 춤이다.

가사가 곁들어진 탱고 음악도 있는데 주로 프랑스 샹송과 같이 이야기 형태를 띠며, 오랜 바다 생활에 지친 뱃사람들의 고독과 향수 그리고 젊은 연인들 사이의 실연을 노래한 것이다.

20세기 초 등장한 삼바는 곧 브라질의 국민적인 춤이 되었다. 여러 명이 원무를 추거나 줄을 지어 행진하면서 추는 것이 특색이다. 2/4박자로 1920년대에 리우 데 자네이루 카니발 음악으로 자리를 잡았다.

중남미 국가는 인종차별이 잔존하고 있다. 중남미 사람들과 대화를 할 때 우리가 주의해야 할 말은 피부색을 논하는 인종 문제이다. 예전에 찬란한 인디오 문명을 가진 멕시코, 페루, 파라과이 같은 나라들은 겉보기에는 인종차별이 없는 것 같지만 사실은 가혹할 정도로 존재한다. 한 예로 가장 큰 욕이 『너는 인디오야(Eres indio)』이다.

중남미 국가들의 문화적 특성을 보면 농업에 기반을 둔 이유로 시간 개념이 없다는 것이다. 약속을 정하면 항상 늦는 것이 일반적으로 생각 될 정도이다. 또한 중남미 국가들은 이전 식민지 국가라기보다는 스페인이 모(母)국가라는 인식을 가지고 있으며, 사회적으로나 경제적으로도 유럽문화와 같은 일상생활 유형을 가지고 있다고 생각한다. 그러한 연유로 북미국가의 개인주의와는 별개로 독특한 개인주의 성향을 가지고 있는데, 법이나 국가의 구성요소들과는 별개로 지연, 혈연이 많이 결합된 그런 개인주의 성향을 가지고 있다.

또한 남성주의 문화이다. Acuff(2008)에 의하면 중남미 국가들의 협상자들을 이해하고자 할 때 마치스모(Machismo)는 매우 중요한 역할을 한다고 밝히고 있는 점에서 확인할 수 있다.

마치스모라는 것은 종종 마초니즘(Machismo)으로 불리기도 하는데, 스페인어로 남자다움을 말한다. 여기에서 파생된 마초(Macho)는 스페인어 Machismo에서 온 명사이며 때때로 용기 있음을 말한다. 마초의 범위는 다양하다. 좀 더 극적인 남자다움을 보여 주는 것이 대표적이다. 남성으로의 권리가 위험한 모험을 즐기는 것이라고 믿고 있으며, 여성들은 집안에서 어머니와 아내의 역할을 해야 한다고 생각한다.

중남미 사람들은 개인적인 관계가 매우 중요한데, 특히 대화를 할 때 매우 가까이 서서 대화를 하며, 그것이 매우 친밀하고 좋은 관계를 암시한다고 한다. 그러한 이유로 중남미인들은 아시아나 북미 사람들이 매우 떨어져 대화하는 것은 비개인적인(非個人的)이라고 생각하며,

친밀해지기를 거부한다고 생각하기도 한다. 또한 남성들은 포옹과 여성들과의 키스 인사를 매우 일반적으로 생각한다.

중남미인들의 삶은 미래 지향적이기보다는 현재를 중시한다. 오늘 일을 해 번 돈으로 데낄라 한잔을 사 몸을 데우고 메렝게 리듬에 몸을 실으며 하루의 즐거움을 찾는다.

5 아프리카

아프리카는 동쪽으로 인도양, 서쪽으로 대서양, 북쪽으로 지중해에 접한 지역이다. 아프리카의 어원은 고대 그리스인들이 리비아라고 부른 지중해 남안(南岸)에서 원주민이 사용한 지명에서 비롯된다. 포에니 전쟁 무렵의 로마인들은 지중해 대안(對岸)에 있었던 카르타고의 시민을 아프리라고 부르고 카르타고 정복 후에 이 지방을 아프리카주(州)라고 하였다. 아랍인들이 진출한 뒤부터 아랍어로 '이프리키아'라는 지명은 보다 넓은 지역(지금의 북서 아프리카)을 가리켰다. 이와 같이 아프리카로 불리는 지역은 역사와 함께 확대되어 왔다.

아프리카는 지상에서 가장 다양한 종류의 사람이 살고 있으며, 11억 명의 인구와 수천의 종족들과 50여개의 나라, 2,034개의 언어를 사용한다. 또한 인구의 50%는 기독교, 40%는 이슬람과 10%는 전통 종교나 유대교 또는 힌두교를 믿고 있다. 문화적인 면에서 아프리카에 대한 가장 어려운 쟁점 중 하나는 많은 국가들이 식민지의 결과로 형성되었다는 점이다. 그들만의 독창적인 문화와 가치는 15세기부터 열강의 침탈로 인하여 모두 파괴되었으며, 외세의 세력에 의해 그들이 가진 고유의 아프리카 전통과 주체적인 요소가 모두 사라졌기 때문이다.

언어면에서 '프랑스어권 아프리카', '영어권 아프리카'라는 분류 방법이 있다. 북부 아프리카의 '아랍어권 아프리카' 중 마그레브 3국(알제리 · 모로코 · 튀니지)과 모리타니는 프랑스어권에 들어가며, 짐바브웨가 영어권에 들어간다. 또 옛 포르투갈 식민지에서는 포르투갈어, 옛 에스파냐 식민지에서는 에스파냐어가 공용어로 사용된다. '아랍어권'과 그 밖의 나라에서는 각각 국어를 가지고 있으나 '프랑스어권'과 '영어권'에서는 국어가 확립되어 있는 나라는 적다.

아프리카인이 호전적(好戰的)이고 미개 · 야만적인 열등인종이라는 이미지는 19세기까지 계속된 노예무역의 결과로 얻어진 것이다. 노예무역은 아프리카 대서양안의 전체뿐만 아니라 인도양까지 파급되었다. 인도양 연안이나 중앙 아프리카 및 서부 아프리카의 내륙에서는 아랍 노예상인에 의한 대규모 노예사냥이 자행되었다.

전통적인 아프리카의 사회적 단위는 혈연적인 요인에 지연적(地緣的) 조건의 결합으로 이루어진 부족사회라고 할 수 있으나, 각 부족은 고유한 신화나 전승(傳承)을 가지고 있으며 그것이 신앙이나 관습법을 만들고 부족의 유대관계를 형성하였다. 이슬람교나 그리스도교가 전파되어 과거 수세기 동안에 많은 부족이 이슬람교가 되기도 하고, 그리스도가 되기도 하였다. 부족 고유의 신앙이나 관습법은 이들 종교와 연관을 이루며 세속적인 부족적 유대로서 오늘날에도 뿌리깊이 남아 있다.

아프리카의 인구를 주요 종교별로 분류하면, 백인은 그리스도교도 속에 포함되며 파키스탄계(系) 주민은 이슬람교도에 포함된다. 이들 외래 인종을 제외한 아프리카인은 전통적인 부족종교를 믿는 사람이 가장 많고 다음이 이슬람교도 · 그리스도교도의 순이다. 이슬람교를 국교(國敎)로 하는 나라는 모리타니 · 소말리아 등을 비롯하여 실질적으로는 아랍계 국가이고, 그리스도교를 국교로 하는 나라는 에티오피아 · 남아프리카공화국 등이다.

5

동서양 문화차이 및 한국문화

1. 동서양의 문화차이
2. 한국문화

5 동서양 문화차이 및 한국문화

제1절 동서양의 문화차이

1 동서양의 구분

동양(東洋)은 한・중・일 동북아 국가, 동남아시아, 인도 등을 포함한 지역을 말한다. 고대 중국인들은 중화(中華)사상에 따라 중국이 세상의 중심이라고 생각하고, 서쪽을 서역(西域; 중앙아시아, 인도까지)이라고 하였다. 중국에서 동양(東洋)은 중국입장에서의 동쪽바다인 일본을 지칭하였다.

동양[오리엔트(Orient, Asia)]은 고대 그리스인들의 해 뜨는 곳인 '오리엔스(Oriens)', 페니키아인의 아수(Asu → Asia)에서 유래되었으며, 지역적으로는 흑해 너머 페르시아(이란・메소포타미아・시리아・팔레스타인・아르메니아・소아시아 및 아라비아와 이집트를 포함한 지역, 오늘날 우랄산맥과 카스피해(海)에서 동쪽으로 태평양 연안에 이르는 유라시아 대륙의 중부와 동부의 전 대륙을 포함)를 로마시대에는 이탈리아를 중심으로 지중해의 동쪽을 말한다. 근대에 들어서 일본이 서양에 대응하는 개념으로 아시아 제국을 지칭하기 위하여 동아시아(East Asia), 동북아시아(North-East Asia), 극동(Far East Asia)을 사용하였다.

서양(西洋)은 고대 그리스인들이 해가 지는 곳인 '옥시덴트(Occident)'라고 하였고, 페니키아인이 자신들이 사는 땅으로부터 동쪽을 아수(Asu;해가 뜨는 지방-앗시리아어), 서쪽을 에레브(Ereb;해가 지는 지방)라고 부른 것에서 유래되었다. 유럽에서 동쪽은 지금의 서남아시아 지역

(역사적으로는 페르시아에 이어 이슬람 제국이 지배했던 지역)을 말하며, 오늘날에는 유럽과 북아메리카를 말한다.

2 동서양 자연환경과 자연관

1) 동양과 서양의 자연환경

히말라야산맥을 경계로 광활한 대륙을 기반으로 발생된 동양문화의 발상지인 중국은 세계를 천지, 또는 사해라고 표현하면서 중화사상을 갖게 되었고 서양문화권과 현격히 격리되었다.

동양의 자연 환경적 조건은 계절풍, 몬순기온으로 여름철에 비가 집중적으로 내리고, 고온다습하며 비옥하여 벼농사에 적합하였다. 벼농사인 미작문화는 물이 필요하여 물에 대한 공동 관리와 농사를 위한 집단 내의 협업이 절대적으로 필요하여 가족을 중심으로 한 집단주의 문화를 낳았다.

집단주의는 혈연·지연 중심의 공동체적 원만한 인간관계를 최우선으로 하였고, 집단을 위해 개인의 희생 행위를 미덕으로 개인주의 행위를 악덕으로 여겼으며, 집단 내 질서를 위하여 연장자를 존중하였다. 다른 문화와 접촉기회가 부족하였고 논리보다는 관계 및 협동을 필요로 하였고, 자신들의 재산을 지키기 위하여 성을 쌓은 문화를 낳았다.

동양인들은 개인의 자유보다는 전체의 통합을 강조하는 문화를 형성하였고, 개인 의견에 차이가 있더라도 당장 그 자리에서 시시비비를 가리기보다는 포용하는 생활 방식을 강조하여 모순적인 상황에 대해서도 섣부른 판단을 미루고, 상황을 더 크게 보는 사고방식을 선호하였다.

동양철학이나 불교 등의 이념은 자연과 인간이 동일 내지는 조화를 중요시 하여 천・지・인 합일론을 주장하게 된 것이다. 동양역학의 음양오행설에서도 음과 양은 해와 달, 남성과 여성, 산과 바다, 하늘과 땅, 불과 물, 여름과 겨울, 자기의 양극 등과 같이 이원을 이루는 기가 있으며 이와 함께 천지간을 끊임없이 순환하는 다섯 가지 원소, 즉 금・목・수・화・토의 오행이 상생과 상극관계를 이루어 나간다고 믿었다. 불교와 힌두교에서 전파되어온 윤회사상도 이와 맥락을 같이 한다고 할 수 있다.

서양문화는 지중해를 중심으로 발생한 그리스・로마 문화에 기독교가 더해져 발전하였다. 고대 그리스는 과거 지리적 특성이 산과 바다로 이루어져 있어 대규모 농경이 불가능하였기에, 어업, 사냥, 목축, 무역 등을 기반으로 도시국가를 형성하였다.

그리스인들은 이집트・시리아와 교역하면서 해양문명으로 서양문명을 최초로 잉태하였다. 예로서 구약성서나 그리스 신화는 천공은 모두 물에서부터 갈라져 나온다며, 땅보다 물을 중요시 여겼다. 이러한 생태적 환경은 굳이 남들과의 협력 없이도 스스로 자립할 수 있는 경제 활동이 가능했으므로 집단보다는 개인이 중시되었다.

2) 동양과 서양의 자연관

(1) 동양의 자연관

동양의 대표적인 사상가와 종교의 자연관은 자연과의 조화이다. 자연을 논함에 있어 가장 큰 영향을 준 사상은 도가이다. 노자와 장자의 자연관은 "사람은 땅을 따르고", "땅은 하늘을 따르고", "하늘은 도를 따르며", "도는 자연의 이치를 따른다"라는 도덕경에서 볼 수 있다. 노자는 도(道)의 운행, 즉 기(氣)의 움직이는 모습을 자연이라고 하였다.

자연은 스스로 있는 그대로 이루어지기 때문에 '이 세상에서 귀하고 천한 것의 구분이 없다(以道觀之, 物無貴賤)'는 것이다.

동아시아의 정치 및 사상에 가장 큰 영향을 끼쳐온 공자의 유학은 장자나 노자에 비하여 보다 현실적이다. 공자 철학은 인간에 초점을 맞추고 있으며 현세지향성이 강하다. 자연 질서를 인간의 질서로 바꾸어 놓은 것이 공자 철학의 기본 입장으로서, 윤리 도덕의 근거는 자연법칙과 자연의 질서, 법칙을 인간 세상에서 본받은 것이다.

공자 철학에서는 '천인합일(天人合一)'을 도(道)로 본다. '도'는 상제의 명령도, 인간의 도(道)도 아니다. 자연의 이치는 자연의 현상으로 나타나고 이를 깨달은 성인은 자연과 합일한 것이다. 공자 철학에서는 효(孝)를 강조한다. 육친애(肉親愛)인 효는 원초적이고 본질적 자연정감에 실현된 덕인데, 이는 인(仁)의 실제적 현상이다(Choi, 2010).

순자는 전통적인 천(天)관념을 부정하였다. 중국은 전통적으로 천(天)과 인간을 밀접하게 관련짓고 공자, 맹자는 천(天)에 의존하여 인간의 행위를 결정하였으나, 순자는 물질적 자연의 의미, 인간의 질서와 무관한 자연질서로 파악하였다.

동양 종교로 대표되는 불교의 자연관을 보면 자연을 나와 동일체로 보고 있으며, 자연을 정복대상이 아닌 자비의 대상으로 여겼다. 이는 살생을 금기하는 등의 무 소유 철학 등에서 볼 수 있다.

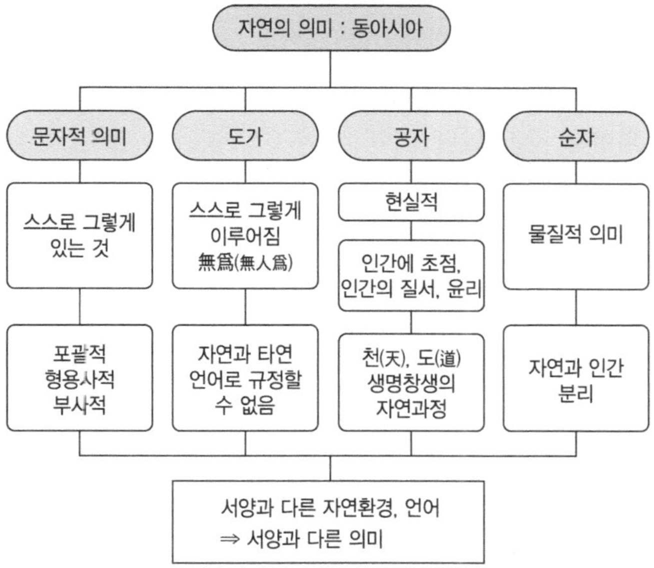

출처 : 이유미 · 손연아 동아시아 · 서양의 자연의 의미와 자연관 비교 분석, 한국과학교육학회지 2016, vol.36, no.3, pp. 485-498.

[그림 5-1] 동양의 자연관

(2) 서양의 자연관

서양은 자연에 대하여 그리스적 전통과 유대 · 기독교적 전통 두 가지 입장이 있다. 그리스적 전통에 따르면 자연은 영원하며 생성도 소멸도 없이 생성과 소멸의 영원한 순환이다. 현대 서양의 자연관 형성에 영향을 미친 유대 · 기독교적 전통에 따르면 자연은 하나님에 의하여 창조되었으며, 인간과 자연은 서로 분리된 것이다.

인간은 인식의 주체가 되는 반면, 자연은 대상이 되며 인간은 자연에 대한 지배적 주체가 되는 것이다. 유대 · 기독교적에 의해 오늘날 과학교육에서 '자연'이라 함은 인간적인 면을 배제한, 기계적 법칙에 지배되는 기계적 자연관 위에 정립된 개념으로서의 자연을 의미한다.

서양에서 자연이라는 말은 그리스어의 'physis', 라틴어의 'natura'에서 유래되었는데(Naver Encyclopedia, 2011). 둘 다 '태어나다', '생기다'라는 의미를 갖고 있다.

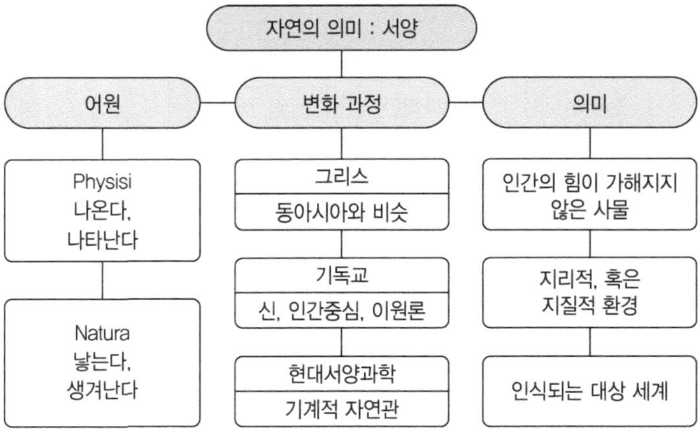

자료 : 상기자료

[그림 5-2] 서양의 자연관

고대 그리스 사람들은 정령사상에서 유래된 논리로서 모든 물질에는 영혼이 있다는 물활론을 믿어 왔다고 한다. 따라서 자연에 존재하는 모든 물질적 현상들을 신격화하여 대자연은 인간 이상의 큰 생명이 있고, 그 큰 힘으로 인간사회를 지배한다고 믿어왔다.

서양 중세시대의 정령숭배사상은 자연은 영혼이 없고 오직 인간만이 영혼이 있으므로 영혼이 없는 자연은 인간만이 지배할 수 있다고 믿어, 자연과 인간을 이원화시켜 인간이 자연을 지배하는 주인으로 군림

할 수 있다는 자연정복관 내지 자연지배관이 나타나기 시작한 것이다. 따라서 서양의 자연관은 기독교가 등장하면서 정령숭배사상이 성자숭배사상으로 변화하였다.

읽어보기 **동서양 로봇관**

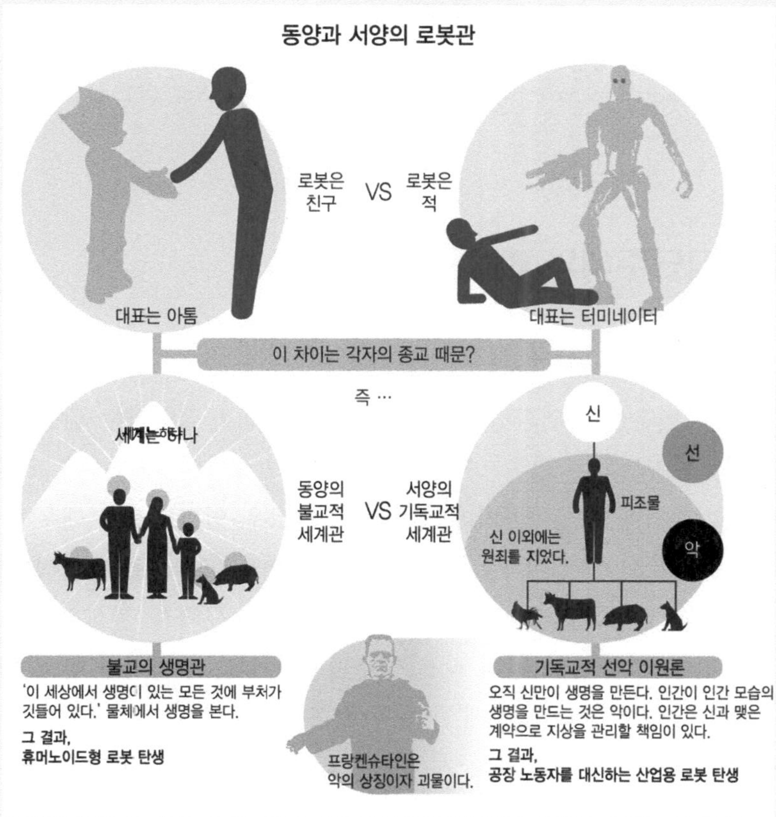

미국 사람들이 산업용 로봇에 거부감을 보인 것은 서구 사회의 바탕에 있는 기독교 영향 때문이다. 신을 절대적인 선으로 여기며 이 세상은 전부 신이 만든 피조물이고, 인간은 신과의 계약으로 땅 위의 주인으로 다른 생물을 관리하는

역할을 맡는다는 것이다. 이런 세계관을 가진 사람들에게 피조물인 인간이 생명에 해당하는 것을 만든다는 것은 크나큰 죄악이었다. 서구 사회에서는 옛날부터 이러한 관념으로 인간과 로봇이 서로 적대하는 이야기가 만들어져 왔다.

동양적인 세계관은 이와 반대된다. 우주에는 여러 생명이 존재하고, 그것에 계급이나 우열은 없다. 생명은 똑같이 가장 존귀하다는 범신론적 세계관이 지금까지 동양인의 마음 깊은 곳에 남아 있다. 이런 세계관 안에서는 로봇도 마찬가지로 귀한 생명을 가졌다고 생각한다

출처 : 로봇을 둘러싼 서양과 동양의 인식 차이(https://post.naver.com/viewer/postView.naver?volumeNo=22730924&memberNo=20215483)

3 집단주의와 개인주의

1) 동양의 집단주의

동양은 비옥한 자연환경으로 인해 농사를 짓고 정착하는 삶을 살게 되었다. 농경문화는 많은 인원의 노동력이 필요하여 대가족이 오랫동안 같은 지역에서 살아왔기에 협동과 조화로운 인간관계가 매우 중요하다. 농경문화에서 비롯된 대가족제도는 연장자를 존중하는 문화와 가족, 지역 및 국가로의 발전에 따른 수직적인 문화를 형성하였다.

동양인에게 '나'는 전체의 작은 일부이어서 삶은 누군가와 함께 하는 것이며, 다른 사람과의 관계 속에서 행복감을 느낀다. 동양인들은 조화로운 인간관계와 체면을 중시하여 공적인 자리에서 동양인은 기분이 상하더라도 자신의 감정을 드러내지 않아 직접적인 '분노(Anger)'를 표현하지 않는다.

2) 서양의 개인주의

해상무역이 발달한 그리스는 해외 여행이 자유롭고 이방인들의 왕래가 잦아 타인에 대한 배려보다는 개인의 자율성과 개성이 중시됐다. 서양인에게는 자신이 세상의 중심이자 가장 중요한 존재이이서, 혼자 알아서 모든 일을 결정하고 처리하는 나 혼자만의 삶을 중요시 한다. 서양인은 공적인 자리에서 분노할 정도로 기분이 상하면 자신의 감정을 그대로 드러낸다.

4 사물을 보는 관점-관계지향 대 개체지향

1) 관계지향적인 동양

동양인들은 모든 것은 서로 연관되어 있다고 보는 반면에 서양인들은 물체를 각기 따로 떼어서 본다.

동양인은 눈에 보이지 않는 기운이 서로 어울리면서 다양한 사물이 만들어졌기에 세상의 모든 것은 서로 연결되어 있다고 생각한다. 따라서 사물을 별개로 생각하지 않고 관계를 중심으로 사물을 보는데 이러한 시각은 인간관계에 큰 영향을 미친다.

동양인들은 작은 부분보다는 큰 그림을 보기 때문에 사물과 전체 맥락을 연결시켜 지각하는 경향이 있어 전체 맥락에서 특정 부분을 떼어내어 독립적으로 바라보는 것을 낯설어한다. 동양인들은 상호작용을 가리키는 동사를 중심으로 세상을 보며, 분리보다는 연결을, 독립보다는 전체를 강조하여 자신을 전체의 일부분으로 생각하여 배경을 중요시 여긴다.

동양인은 사건 사이의 관계성을 파악하는 데 익숙하며, 세상을 복잡하고 매우 가변적인 곳이라 생각한다. 또한 세상의 구성 요소들은 서로 얽혀 있기 때문에 사건들을 통제하기 위해서는 다른 사람과의 협동과 조정이 필요하다고 믿는다.

동양인은 자신의 위치를 나타낼 때 큰 단위에서 작은 단위 순으로 나타낸다. 예로서 이름을 쓸 때도 성(가족)을 먼저 쓰고 주소를 쓸 때도 국가를 먼저 쓰고 번지수를 맨 마지막으로 쓴다. 또한 동양인들은 제3자의 입장에서 자신을 바라보며, 주변 상황에 맞추어 행동하려고 하기 때문에 타인의 감정에 민감하게 반응하며 인간관계의 조화를 추구한다.

2) 개체지향적인 서양

서양인들은 고대 그리스인들처럼 세상을 분석하고 원자론적인 시각에서 바라본다. 원자를 뜻하는 영어 단어 atom은 어원상 쪼갤 수 없는(not[a] + to cut [tom])이란 뜻이며, 개인을 뜻하는 'individual도 나눌 수 없는(not[in]) + to divide [divid])'이란 의미를 담고 있다. 원자론적 사고는 자연스럽게 구별할 수 있는 사물들은 모두 제각각 특성이 다르다는 생각으로 이어진다. 개성을 강조하고 개인의 자유를 중시하는 서양의 전통은 바로 이러한 '서로 다름'에 기인한다.

서양인들은 사물에 초점을 두고 주변 맥락은 무시하는 경향이 있기 때문에, 사건과 사건 사이의 관계에 대해 상대적으로 덜 민감한 편이다. 서양인들은 대상과 나를 분리한 뒤, '나'를 중심으로 세상을 관찰하고 분석한다. 즉, 안에서 밖을 내다보는 관점을 갖고 있으며, 사물을 주변 환경과 떨어진 독립적이고 개별적인 것으로 이해하고, 변화가 일어난다면 한 방향으로 일정하게 진행되는 규칙성을 갖고 있어 통제할 수 있다고 믿는다. 그래서 서양에서는 개인주의와 과학이 발달했다.

서양인은 각각의 개체를 가리키는 명사를 중심으로 세상을 보아 자신의 삶에 대한 주체성이 중요하다. 세상은 각각의 개체가 모두 모여 집합을 이루고 있는 공간이고, 그 개체 사이는 빈 공간이라고 생각한다.

〈표 5-1〉 관계지향적 동양인과 개체중시 서양인 예

	동서양의 차이
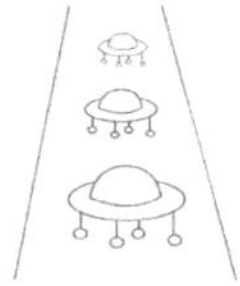 어떤 것이 앞쪽에 있을까?	동양사람은 제일 큰 우주선이 앞쪽에 있다고 답하고, 서양사람은 작게 보이는 우주선이 앞쪽에 있다고 답한다. 서양사람은 관찰자를 중심으로 앞과 뒤를 판단하는데 반해, 동양사람은 대상을 중심으로 판단하기 때문이다.
 위의 그림에서 동양인과 서양인은?	동양인은 다른 사람과의 관계에 따라 자신의 행복과 불행의 표정을 짓는 반면에 서양은 자신을 중심으로 행복과 불행의 표정을 짓는다. 위의 그림은 가운데 사람은 다른 사람들과 함께 행복한 표정을 지어 동양인이고 아래 그림은 다른 사람들은 불행한 표정을 짓고 있음에도 행복한 표정을 짓는 서양인이다.
	동양 사람은 대체로 원숭이와 바나나를 묶는다. 반면 서양 사람은 원숭이와 팬더를 묶는 경향이 강하다. 동양에서는 서술어가 발달했다. 원숭이는 바나나를 '먹는다.' 그래서 동양 사람은 원숭이와 바나나를 연결짓는다. 반면, 서양에서는 명사가 발달했다.
	동양인들은 구체적인 맥락을 고려한 동사중심으로 사물을 보는 반면 서양인들은 사물 자체에 초점을 맞추는 명사중심으로 사물을 파악한다.

〈표 5-2〉 이름, 주소 및 연월일 표기 동서양 차이

이름	주소	연월일
East 이순신 Lee Soon-Shin 성/이름 Family name/Given Name West 조지 부시 George BUSH 이름/성 Given Name/Family name	East 대한민국 서울 동대문구 청량리동 334-2 Republic of Korea, Seoul Dongdaemoon-Gu Chungryanri-Dong 27-8 군대의 소속 표시 군단→사단→연대→대대→중대→소대순 West 2345 Sunset St. Los Angeles, CALIFORNIA USA 군대의 소속 표시 군단→사단→연대→대대→중대→소대순	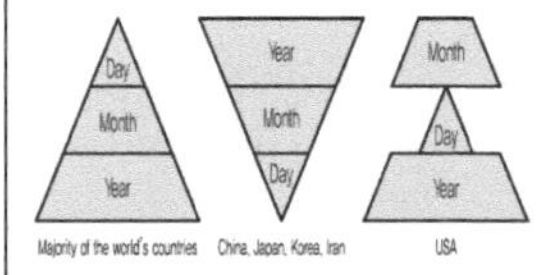

5 원형적 사고와 직선적 사고

1) 동양의 원형적 사고

동양인의 가치관은 원형적이다. 동양인들에게는 천지만물이 늘 변화하면서도 끊임없이 본래 출발한 자리로 회귀하고자 한다는 순환적인 세계관이 있다. 원형적 사고는 인간을 포함한 우주 만물이 음양오행의 원리에 따라 순환하며, 철학·의학·천문학이 긴밀한 관련이 있다고 보는 시각을 갖고 있다.

예로서 금·수·목·화·토의 오행(五行), 동·서·남·북·중의 오방(五方)과 청·백·홍·흑·황의 오색(五色), 오대양(五大洋) 육대주, 간장·심장·비장·폐장·신장의 오장(五臟)육부, 매운맛·신맛·짠맛·쓴맛·단맛의 오미(五味) 등이 서로 대응하면서 자연과 인간 우주가 음양오행의 순환운동을 따른다는 것이다.

음과 양으로 대표되는 이원적인 가치관은 대립적이라기보다는 한쪽이 없으면 다른 쪽이 존재할 수 없는 상보(相補)적 관계이다. 논리학에 대한 이러한 입장은 현대의 동서양 문화에도 나타난다. 서양은 '이것 아니면 저것'을 지향하지만 동양은 '이것과 저것'을 지향한다고 한다. 어떤 모순된 두 주장이 있을 때 서양인들은 논리적 근거로 하나의 주

장을 선택하여 모순을 완전히 제거하고자 하는 노력을 하지만 동양인들은 중요한 신조인 중용, 즉 극단적 명제 사이에 끊임없이 중도를 탐색하려는 노력을 한다.

도교 도덕경(道德經)의 "무거운 것은 가벼운 것의 근원이며, 움직이지 않는 것은 모든 움직이는 것들의 근원이다"라는 글, 삼라만상의 끊임없는 순환을 강조하는 구절, 처음과 끝이 없고 삶과 죽음이 영겁으로 이어진다는 불교와 힌두교의 윤회사상, 새옹지마(塞翁之馬)·전화위복(轉禍爲福)·상전벽해(桑田碧海) 같은 사자성어의 발달 등은 순환적 세계관에 기인한 것이다.

동양인은 종합적으로 사고하기 때문에 부분보다는 전체에 주의를 더 기울이고 타인이나 사물끼리 맺은 관계를 통해 사람과 사물을 파악하려 한다.

읽어보기 **너도 옳고, 나도 옳고…' 포용의 힘, 황희 정승의 일화 중 하나다.**

하녀 한 사람이 황희 정승에게 와서 자기 사정을 하소연했다. 황희 정승은 그 말을 듣고 "네 말이 옳구나"라고 말했다. 그러자 반대 입장을 가진 다른 하녀도 찾아와 자기가 정말로 옳다고 주장했다. 황희 정승은 "네 말도 옳다"고 답했다.

그 광경을 보고 있던 부인이 "두 사람이 서로 반대 이야기를 하는데 둘이 다 옳다고 하시면 어떻게 합니까? 한 사람은 틀려야지요"라고 지적했다. 황 정승은 이에 "당신 말도 옳소!"라고 말했다고 한다.

읽어보기 **불교의 인연**

불교에서는 전생에 쌓은 500겁의 인연으로 옷깃을 스칠 수 있으며, 1,000겁의 인연이 쌓이면 한 나라에 태어나고, 2,000겁의 인연은 하루 동안 길을 동행하게 되며, 3,000겁의 인연으로 하룻밤을 한 집에서 자게 된다고 한다. 4,000겁은 한 민족으로 태어나고, 5,000겁은 한 동네에 태어나며, 6,000겁은 하룻밤을 같이 한다.

2) 서양의 직선적 사고

서양인의 가치관은 직선적이다. 이는 창세기에서 최후의 심판까지 직선적으로 이어져 시작과 끝이 존재하며, 세상은 고정불변한 것이라는 2,000여년 이어진 기독교 정신의 결과이다. 서양인들의 직선적 사고는 논리학을 발전시켰다. 서론, 본론, 결론과 같은 삼단논법을 중요시 하며, 분류와 분석을 통해 사물의 특성을 발견하고 사물의 행위를 지배하는 규칙을 찾아내어 인과 관계를 추리한다.

서양인들은 모순된 두 주장을 받아들이는 데 강한 거부감을 보이며 '이것 아니면 저것'이라는 극단적 판단을 하게 된다. 어떤 모순된 두 주장이 있을 때 서양인들은 논리적 근거로 하나의 주장을 선택하여 모순을 완전히 제거하고자 하는 노력을 한다. 상황적인 요인을 무시하고 단순한 모델로 복잡한 현상을 설명하려다 보니 과학 발전에는 유용하지만 무리가 따르기도 한다.

서양인들은 상호 배타성에 근거한 형식논리를 중요시하여 논리적 모순에 상대적으로 더 민감하다. 이는 고대 그리스인들은 개인의 자유를 강조하여 토론 문화에 뿌리를 둔 형식논리의 핵심은 언어를 이용해 옳고 그름을 가리다 보면 진리에 도달한다는 사고에서 비롯되었다. 즉, 'A는 B이고, B는 C가 아니다'라면 그간 알지 못했던 A와 C의 관계, 즉 'A는 C가 아니다'라는 진리를 발견할 수 있다고 하였다.

서양인은 이항대립(binary opposition) 사고를 갖고 있어 서양인들의 가치관은 절대적이고 배타적이다. 즉, 초월적인 존재를 상정하고 초월적인 존재를 향해 나아가려는 선(善)과 그로부터 멀어지려는 악(惡)을 규정했기에 선과 악, 미와 추, 정의와 불의, 적과 동지의 이분법은 절대적이고 상황에 따라 바뀌지 않는다.

6 동서양 융합

21세기 들어 각종 기술이 발달함에 따라 다문화 간 교류가 활발해지면서 세계가 하나가 되는 글로벌 시대에 접어들었다. 글로벌 시대는 다양한 문화가 존재하여 모든 국가들이 다 같이 공생하기 위해서는 나와 다른 문화에 대한 이해가 절대적으로 필요할 것이다. 그러므로 세계를 크게 두 개로 나눈 동양과 서양의 문화 차이를 살펴보는 것은 타문화에 대한 이해와 수용적인 측면에서 의미가 있을 것이다.

서양인은 명상, 요가, 침술 같은 동양적인 것에 점점 더 매력을 느끼고 있으며, 동양인 역시 서양식 자본주의와 민주주의 체계를 받아들이면서 점점 더 서구화되고 있다.

1980년대 중반 중국 어머니들에게 '자녀에게 제일 원하는 것'이 무엇인지 물으면 '원만한 인간관계를 맺는 능력'이라는 답이 가장 많았지만, 10년이 지난 뒤 같은 질문을 했을 땐 '독립성을 가지고 이 세상에서 앞서가는 것'이라는 대답이 월등하게 많았다. 이것은 미국 어머니들의 태도와 동일하다. 이처럼 동서양의 차이는 오래전부터 무너지고 있는지도 모른다. 그렇다고 어느 하나가 다른 한쪽을 흡수하는 형태가 아니라 두 문화가 서로의 문화를 수용해 중간쯤에서 수렴될 것이라고 니스벳 교수는 '문화 차의 미래'를 예측하였다.

제2절 한국문화

1 한국의 발전

1) 한국의 경제발전

1995년 노벨 경제학상을 받은 로버트 루카스(Robert Lucas) 미국 시카고대 교수가 한국의 경제 발전을 연구한 논문에 붙인 제목이 「기적 만들기(Making a Miracle)」이다. 1950년 6·25전쟁으로 폐허가 된 한국은 1960년대 경제개발 5개년 계획이 시작되고, 기초적인 산업의 토대가 형성되면서 비약적인 경제 발전을 시작했다.

한국은 세계에 유례가 없을 정도로 빠르게 경제 성장을 이뤘다. 자본과 자원이 거의 없고 1950년부터 1953년까지 3년간의 전쟁으로 산업시설이 거의 폐허가 된 상태에서 이뤄낸 경제 성장을 세계는 '한강의 기적'이라고 한다.

1960년대 오줌 수출과 함께, 가발 등 경공업제품을 수출하다가 1980년과 1990년대 중화학제품 수출의 발판을 마련하였다. 2000년대에 이르러 휴대전화, 반도체, 자동차, 화학, 철강 등 여러 분야에서 세계적인 경쟁력을 갖추었다. 최근에는 음악, 게임, 웹툰 등의 문화 콘텐츠가 한국 경제를 견인하는 중요한 산업으로 떠오르고 있다.

한국의 국내총생산(GDP)은 1953년 13억 달러에서 1972년 100억 달러대, 1986년 1,000억 달러대, 1995년 5,000억 달러에서 2021년 1조 8천억 달러를 달성하였다. 1인당 국민총소득(GNI)은 1955년 국제금융기구인 국제통화기금(IMF)과 세계은행(WB)에 가입할 때 65달러로, 아프리카의 가나 · 가봉보다 낮았다. 그러나 1960년대 시작한 경제개발5

개년계획의 성공적인 수행으로 2007년 2만 달러 돌파에 이어 2019년 3만 달러에 진입하였고 2021년 이후 약 3만5000 달러를 달성하였다.

무역규모는 1948년 2억 3천만 달러에서 2007년에는 7,283억 3천5백만 달러이었던 것이 2022년 14,250억 달러에 달하였다. 수출은 1948년 2천 2백만 달러에서 2007년 3,714억 9천만 달러에서 2022년 수출은6,900억 달러를 기록하였으며, 수입은 1948년 2억 8백만 달러에서 2007년에는 3,568억 5천만 달러이었던 것이 2022년에는 7,350억 달러를 달성하였다.

한국은 자본과 자원이 부족한 가운데 경공업, 중공업, 첨단산업 중심의 경제정책의 성공으로 성장하는 과정에서 대기업 중심의 수출 주도형 경제 구조를 탄생시켰다. 즉, 대기업 집단이 생기고, 수출과 수입에 크게 의존하는 대외 경제에 민감한 경제 구조를 갖게 됐다

2) 한류

(1) 한류의 개념

'한류(韓流)'는 1990년대 말부터 동남아시아와 중국 대륙에서 일기 시작한 한국 대중문화의 유행을 가리키는 말이다. '한류'는 1990년대 후반부터 중국을 위시하여 대만, 홍콩, 베트남 등의 청소년들이 가요, 드라마, 패션, 관광, 영화 등 한국 대중문화를 향유・소비하는 경향이 꾸준히 증가하였다. 중국 및 동남아에서 시작된 한류가 지금은 아시아를 넘어 글로벌 시장으로 확대되고 있다.

한류는 한국전쟁과 남북한 분단 및 한강의 기적과 같이 급속히 경제 발전을 이룩한 국가라는 이미지에 문화를 입혀 새로운 국가 브랜드를 만들어 냈다. 한류 스타들이 세계 패션의 트렌드를 이끌고, 전 세계에 한국을 알고 이해하는 젊은이들이 증가함으로써, 앞으로 이들이 국제

사회에서 한국의 큰 자산이 될 것이다. 한류 팬들이 한국어를 익히고, 한국 역사를 공부하고, 한국에 관광을 오는 등 한국의 국가이미지 상승으로 인하여 과거 한국 상품이라고 하면 디스카운트되었던 관행이 바뀌고 있다.

(2) 한류의 발생 요인

첫째, 한국 대중문화의 높은 질적 수준과 우수성이다. 한국 드라마는 진솔한 생활 모습, 진한 인정과 세태, 소박한 감정표현 등으로 사랑을 받고 있으며, 아름다운 등장인물과 풍경으로 포장됐으면서도 인륜과 가족을 강조하는 유교문화를 벗어나지 않았다. 한류는 서구 대중문화와 유교적 정서를 훌륭히 결합시킴으로써 동아시아인들을 사로잡았다.

둘째, 한류가 상품적 가치를 지니며 시장에서 다른 문화 상품에 비해 경쟁력을 갖고 있다. 한류의 작품성이나 예술성을 인정하면서 동시에 대중성을 강조하고, 이 모든 것들이 상품적 가치로 연결된다. 또한 한류 상품의 상품적 가치는 가격경쟁력에 있다.

셋째, 한류를 받아들이는 나라가 처해 있는 과도기적 경제, 문화, 정치적 상황 때문이다. 즉, 경제적인 성장에 따른 생활수준은 향상되었으나 문화수준은 여전히 미흡한 과도기적 상황에서 자국 내 대체문화가 없으므로 그 빈 자리를 한류가 일시적으로 메웠다.

2 한국문화의 우수성

1) 한글

한국인에게 한글은 문화적 뿌리이자 정체성이다 한글은 전 세계에서 유일하게 문자를 만든 사람과 만든 시기, 원리, 반포 연도, 심지어 만들게 된 동기(창제목적)도 알 수 있는 문자이다.

한글은 1443년(세종 25년)에 세종대왕이 반포한 글자로서 세종대왕의 애민정신, 한민족의 민족혼과 지역 정서, 천・지・인 3원 조화와 홍익정신을 잘 반영하고 있다.

한글은 전 세계적으로 배우기 쉬운 문자에 속한다. 자음 14자와 모음 10자의 조화로 글자를 구성할 수 있기 때문에 어느 누구나 쉽게 문자를 사용할 수 있다. 이는 한글을 사용하는 한국인들의 문맹률을 거의 제로로 만드는 기적을 가져왔다. 한글은 모음과 자음의 과학적인 분리 방법을 제시한 최초이고 유일한 문자체계다.

한글은 일음일자(一音一字)와 일자일음(一字一音) 원칙을 지켰기 때문에 음성인식에서 탁월하여 컴퓨터에서 자판 없이 음성 인식으로 입력시킬 때 가장 적합한 언어로 평가받고 있다. 한글은 하나의 글자가 하나의 소리만 갖고 어휘 조합능력도 다양하며, 소리 표현만도 8800여개나 되어 다른 언어에 비해 어휘력이 풍부하다. 이는 한국이 중국이나 일본보다 인터넷 친화도가 높을 수밖에 없는 이유이다.

중국의 3만개가 넘는 한자는 자판에 나열하는게 불가능하여 중국어 발음을 먼저 영어로 묘사(한어병음)해서 알파벳으로 입력한 다음에 단어마다 입력키를 눌러야 화면에서 한자로 바뀐다. 같은 병음을 가진 글자가 20개 정도는 보통인데 그 중에서 맞는 한자를 선택해야 한다.

일본어의 경우도 각 단어가 영어 발음표기에 맞게 입력되어야 화면에서 가나(かな)로 바뀐다. 거기다 문장마다 한자가 있어 쉼 없이 한자 변환을 해줘야 하므로, 속도가 더디다. 또한 휴대전화로 문자를 보낼 때, 한글로 5초면 되는 문장을 중국, 일본 문자는 35초 걸려 한글의 입력 속도가 7배 정도 빠르다. 이러한 이유로 한글은 한국의 정보통신(IT)시대의 글로벌 경쟁력을 갖는데 크게 기여하였다.

한글은 개발도상국 중 유일하게 대한민국이 선진국으로 도약하고, 세계 무역시장에서 차지하는 수출입 규모가 7위 안에 들고 있고, 전 세계적으로 한류열풍에 힘들어 외국에서 한글에 대한 수요가 폭발적으로 증가하고 있다. 2022년 현재 세계 48개국 590여 개 대학에서 한국어 강좌를 개설하였고, 세종학당도 전 세계로 뻗어나가 84개국에 244개소가 개설되어 있어 한글의 국제화와 세계화에 크게 기여하고 있다.

훌륭한 한글이 있기에 네팔 등 문자가 없는 민족들에 한글로 문자를 만들어 주는 운동이 추진되고 있다. 이처럼 위대한 한글을 만든 세종대왕을 기념하기 위해 유네스코는 문맹퇴치에 뛰어난 공적을 쌓은 인사나 단체 등에 세종대왕 문해상(King Sejong Literacy Prize)을 수여하고 있다. 세종대왕 문해상은 유네스코가 1989년 6월 21일 제정한 후 이듬해부터 해마다 '문맹퇴치의 날'인 9월 8일 시상하고 있다.

2) 뚜렷한 4계절

우리나라는 아시아 동쪽에 위치하여 남북으로 길게 뻗은 지형을 갖춘 반도로, 지역에 따라 기후의 차이가 큰 자연 조건을 갖고 있다. 사계절이 분명한 기후와 국토의 삼면이 바다에 접한 까닭에 다양한 수산물 등 음식 재료가 다양하며, 재료 공급이 순조롭지 않은 계절에 대비한 식품의 저장법과 가공법이 발달되었다.

세계적인 음식이며 유네스코 무형문화재로 등재된 김장김치 담그기가 한 예이다. 한국 음식문화는 발효식품이 많아 건강에 좋고, 채식위주의 생활로 무기질이 풍부하며 저장식품이 많아 간단하게 식사할 수 있다.

한국의 사계절은 한국 경제와 산업에도 도움을 주고 있다. 수영복과 겨울 패딩, 에어컨과 난방용품처럼 계절별로 달리 필요한 상품때문에 섬유산업과 가전제품 등의 산업을 발전시켰다. 또한 통일신라 때부터 시작하여 조선 세종대왕 때 땀을 내어 안 좋은 병 기운을 몰아내는 한증법을 이용해 병을 치료하기 위하여 설치된 "한증소"는 오늘날 한증막 문화로 계승되어 외국인이 한국에 오면 체험하는 곳으로 발전하였다.

3) 우수한 두뇌과 높은 교육열

스위스 취리히 대학이 국민소득과 성장에 대한 민족 I.Q.의 연관관계를 조사한 2021년 보고서에서 한국인들의 IQ가 일본(2위)과 대만(3위)에 앞서 1위를 차지하였다. 숟가락과 젓가락 문화에서 비롯된 한국의 높은 IQ는 융합문화라는 한국의 독특한 문화를 낳았다. 과거와 현재, 아날로그와 디지털, 동서양 문화가 섞이고, 퓨전음악(군무를 추면서 기막힌 노래)은 K-POP이 세계의 대중문화를 이끄는데 기여하였다.

읽어보기 4차산업혁명과 직업변화

①-미국 LA 법정에서 한국인을 대상으로 진행된 재판

미국 LA 법정에서 LA의 한인타운의 한국인들을 대상으로 진행된 재판이 있었다. 원고는 유대인들이었는데, 유럽 등지에서 생선유통, 식료품유통에 많이 진출했던 유대인들은 LA에 진출한 한국인들 때문에 도저히 사업을 할 수 없어서 한국인들을 대상으로 열린 공정거래법 위반이라는 재판이었다.

청구이유는 유대인들이 새벽 5시에 싱싱한 생선과 채소를 구입하고자 도매시장에 가면 한국인들은 새벽 4시에 나와 있었고, 유대인들이 새벽 4시에 나오자 한국인들은 새벽 3시에 나와 줄을 섰다는 것이다. 그러자 유대인들도 새벽 3시에 나오자 한국인들은 그 전날 담요를 들고 나와서 미리 죽치고 앉아 버리자 이에 질려버린 유대인들은 한국인을 "노란 원숭이"라 폄하하며 한국인들 때문에 도저히 사업을 할 수 없다며 공정거래법 위반으로 미국 지방법원에 소송을 제기한 것이다.

법원은 유대인에게 패소판결을 내렸다.

②-미국 슈퍼마켓에서 한국인의 계산

미국 슈퍼마켓에 가서 미국인 점원이 계산을 하고 있으면 거스름 돈 계산하는데 시간이 오래 걸려 미국인들은 돌아간다고 한다. 그런데 한국인이 운영하는 슈퍼마켓에 가면 줄서있는 사람이 거의 없다고 한다. 왜냐하면, 한국인은 돈을 내면 거스름돈 계산이 순식간에 끝나기 때문이다. 외국인이 대한민국에 처음 방문해서 은행에 갔을 때 은행원이 돈세는 모습을 보면 일종의 마술이나 예술을 보는 것 같다고 한다.

③ 한국의 K-POP

미국의 외교안보 전문지 더 디플로맷(The Diplomat)은 2022년 2월 16일 '한국 케이팝 소프트파워의 순간(This is South Korea's K-Pop Soft Power Moment)'이라는 제목의 기고를 통해 한국의 케이팝을 세계적으로 영향력있는 소프트파워라고 소개하고, 세계 속의 한국 문화 영향력을 집중 분석했다.

보도에 따르면 다양한 문화가 한데 어우러진 케이팝은 국가 간 갈등을 조장하는 민족주의나 국가 정체성과는 다른 국가의 다양한 면모를 보여주고, 예술적 집합을 통해 문화 경제적 지배력을 얻을 기회를 제공한다고 설명했다. 특히 외교안보 전문지답게 소프트파워를 힘의 정치로 움직이는 국제정치에 빗대 케이팝의 가치를 분석하고, 케이팝은 대립의 산물이 아닌 정치의 대안으로 희망을 보여준다고 덧붙였다.

EL PAÍS

Babelia

'Parásitos', 'El juego del calamar', BTS: por qué la cultura coreana conquista el mundo

El país asiático lleva años reinando en el cine, las series y la música. Su literatura y su arte contemporáneo empiezan a tener alcance internacional. Convertida en el mejor ejemplo de poder blando, Corea del Sur sigue sacando partido a su buena forma creativa. Estas son las claves de su inesperado éxito

한국의 문화콘텐츠가 세계적으로 영향력을 보이는 이유를 분석한
스페인 언론사 엘 파이스(El Pais)의 특집 기사화면 갈무리

출처 : https://wemakenews.co.kr/news/view.php?no=14390

4) 한국의 전통문화

젓가락을 사용하는 민족은 일본과 중국이 있지만, 중국이나 일본은 나무 젓가락만 사용한다. 하지만 한국은 쇠 젓가락을 사용하며, 숟가락을 동시에 사용한다. 이런 이유로 어린 시절부터 손가락 신경과 두뇌세포의 발달을 가져왔다. 손끝으로 하는 미세한 감각이 요구되는 모든 면에서 대한민국이 최고의 두각을 드러내는 이유가 여기에 있다.

5) 한국의 유구한 역사

세계가 인정하는 한국문화의 예술적 우수성은 하루아침에 만들어진 것이 아니다. 삼국시대의 고분벽화와 유물에서 느낄 수 있는 한국인의 독창적인 예술적 감성의 DNA가 통일신라와 고려, 조선시대를 거쳐 오늘날까지 이어졌다.

한국 문화에서 중요한 부분을 차지하는 음악, 미술, 문학, 무용 등 모든 예술에는 전통과 현대가 함께 공존하고 있다. 예부터 전해 내려오는 한국의 문화예술 유산 가운데 상당수는 유네스코 보호 대상으로 등재되었다. 2020년 현재 세계유산, 세계기록유산, 인류무형문화유산 등으로 모두 50건이 등재되었다.

반만년 동안 약 930여회의 외침(4~5년 주기로 한 번씩)과 일본의 식민지와 6·25전쟁 및 민주화 과정 등 우여곡절이 많은 한국의 역사는 한류의 한 축인 K-movie, K-drema 등에 좋은 콘텐츠를 제공하고 있다.

3 한국사회의 문화적 특성

1) 정(情)의 문화

정은 한국적 인간관계를 독특하게 만드는 우리 민족 고유의 정서라 할 수 있다. 정은 한국적 인간관계의 토대이며 한국인 고유의 정서이기 때문에 정을 이해하지 않고서는 한국인들 사이의 인간관계나 한국인들이 보여주는 커뮤니케이션 행위를 이해할 수 없다. 정은 인간관계를 맺어 감에 따라 더해가는 친근한 마음(일종의 정신적 유대감). 사적인 인간관계에 의해 형성되지만 공적인 관계까지 크게 영향을 미친다. 정은 따스하고, 잔잔하고, 계산적이지 아니하며, 보답을 요구하지 않는다. 또한 정은 쉽게 사라지지 않으며, 쌍방적으로 형성된다.

한국인의 정은 다음과 같은 4가지 특성을 가지고 있다.

(1) 역사성(시간) : 상대방과 함께 하는 삶과 활동의 시간적 경과 필요
(2) 동거성(공간) : 공간적으로 가까운 거리에서의 접촉필요
(3) 다정성(성격) : 친근감을 느끼고, 포근하고 편안한 감정의 경험
(4) 허물없음(관계) : 상대방과 얼마나 한 가족같은 행동을 하느냐 (ex. 같이 빈둥거리는 시간)

2) 한(恨)의 문화

한은 한민족만의 고유정서다. 한국의 한과 다른 민족의 원(怨)의 차이는 그것을 어떻게 푸느냐는 방법에 있다. 원은 가해자에게 갚거나 비슷한 복수를 함으로써 풀어지는 데 반해, 한은 어떤 이유로 복수를 하지 못하거나 하지 않는 특성이다. 다른 방법으로 가슴 속에 맺힌 응어리를 푼다. 한의 피해자가 복수를 하지 못하는 것은 정치적・사회적 약자이기 때문이기도 하지만, 복수를 하지 않는 것은 한국문화에는 잔

인한 복수의 정서가 약하다. 즉, 한의 정서는 억눌림에서 발원하였지만 원망은 있으나 복수의 정서가 빠져있어 특별하다. 그래서 화병이란 병이 생겼고, 한과 마찬가지로 화로 인해 발병하는 화병도 한국인에게만 생기는 병이다.

화병이란 누른 감정을 발산하지 않고 억제한 상태에서 일어나는 신경성적 불, 우리말로 이를 울화(鬱火)라고 한다. 울화로 인해 드러나는 일체의 증상을 의미한다. '노(怒)', '희(喜)', '사(思)', '우(憂)', '비(悲)', '공(恐)', '경(驚)'의 일곱 감정, 즉 칠정(七情)이 있다. 또한 문화적인 정서이며 증세이다. 화병의 특이함은 한마음의 병이 아니라 몸에 나타나는 병이란 점에서 우울증과는 다르다. 이러한 특이함으로 미국 정신과 협회에서 1996년 화병을 문화관련 증후군의 하나로 등록했는데, 더욱 한국인을 당황하게 하는 것은 문화 의존 증후군으로 한국인 특유의 정신질환으로 인정하고 있다는 점이다.

한은 욕구나 의지의 좌절에 따르는 삶의 파국에 대처하는 강박적인 마음의 자세와 상처가 의식적 무의식적으로 얽힌 복합체적인 심리이다. 한은 욕구와 의지의 좌절이라는 상황적 조건과 이 좌절을 파국으로 받아들이고 마음의 상처를 받는 심리적 조건 하에서 생성된다.

한은 자기가 어쩔 수 없는 상황에 처해 불행한 사건을 경험할 수밖에 없었거나, 부당한 피해를 당했을 때 한이 맺히기 쉽고, 남성보다 여성(할머니, 어머니)에게 많이 발생하며, 가난, 사별, 교육부족 등 결핍이 주요한 배경요인이 되고 있다.

한을 푸는 가장 좋은 방법은 억울한 심정을 유발시킨 당사자가 그것을 인정하고 그에 대한 보상적 행위를 하거나 주변사람이 억울함을 인정하고 달래주어야 한다. 한은 부당한 차별대우를 받았을 때, 타인에 비해 현저히 결핍되어 고통을 당할 때 및 돌이킬 수 없는 큰 실수를 범했을 때 발생한다.

출처 : 네이버

3) 흥의 문화

흥(興)은 순 우리말로 '신바람'이라고 할 수 있다. 아무리 어려운 환경 속에서도 '한'에 빠져 있지 않고 '흥'을 돋우는 마음이 생긴다면 우리는 신바람나게 놀 수 있는 민족이다. 한국인의 기질적인 특성은 '극단과 극단의 수용'이라는 독특한 문화를 가지고 있다. 한국인은 한의 문화를 흥으로 풀어내는 특별함이 있다.

흥은 일어나는 정서다. 마음에 있는 응어리, 즉 울화(鬱火)를 몸으로 풀어내는 작업이 흥이다. 흥의 문화인 한국적인 노래와 춤은 노래 자체가 아니라 몸을 들썩들썩해야 비로소 완성된다. '한(恨)을 흥(興)으로 푼다'는 말은 힘든 농사일을 하면서 몸으로 노래하는 농무가 그렇고, 원무를 그리며 춤을 추는 강강술래, 아무 집이나 들어가 놀아주는 각설이타령 등에서 볼 수 있다.

4) 체면문화

한글학회가 편찬한 〈우리말 큰사전〉에 체면이란 "남을 대하기에 떳떳한 도리"라고 정의되어 있다. 이 정의에 따른다면, 체면이 섰다는 것은 남을 대하기가 더욱 떳떳해졌다는 것을 의미하며 체면이 깍였다거나 체면을 잃었다는 것은 남을 대하기가 떳떳하지 못하게 되었다는 것을 의미한다.

체면문화는 개인이 공적으로 드러낸 겉모습으로서 사회적으로 바람직하다고 생각하는 가치로 구성된 이미지. 상황에 따라 자기의 참모습이나 사실과 다르게 행동함으로써 자신이나 상대의 지위나 명분을 높이거나 유지하려는 현상을 말한다. 예로서, 상대방의 체면을 높여주는 존칭플레이, 겉(외면)을 과시하는 풍조, 명분중시, 인사 치례의 거짓말 등이 있다.

체면이란 일부러 그러하지 않아도 되는 상황에서도 겉치례를 남에게 보여줌으로써 안도감을 갖는 마음의 상태를 뜻한다. 오랜만에 만난 친구들에게 잘 보이고 싶은 기본 욕구가 체면을 부각시킨 것이다.

첫째, 체면은 이미지 또는 상(象)이다. "사흘을 굶어도 남 앞에서는 이빨을 쑤신다"라든지 "양말은 헐어도 구두는 번지르르하게 닦아 신는다"라는 우리의 체면치레 행위는 체면이 실속보다는 겉으로 드러나는 모습과 관련된 것이라는 것을 잘 반영하는 것이라 하겠다.

둘째, 체면은 사회적으로 바람직하게 생각하는 가치로 구성된 이미지이다. 체면을 지키게 되면 사회적으로 바람직하다는 이미지를 유지할 수 있어서 남을 대하기가 떳떳해지고 체면을 잃게 되면 사회적으로 바람직하다는 이미지를 잃게 되어서 남을 대하기가 떳떳하지 못하게 되는 것이다.

마지막으로 체면은 공적(公的)인 자기 이미지이다. 사적인 자기 이미지가 "누가 뭐래도 나는 나 스스로의 모습을 이렇게 본다"라는 의미를 갖는 것이라면, 공적인 자기 이미지는 "당신들이 알고 인정해 주기를 바라는 나 스스로의 모습은 이렇다"라는 의미를 지닌다. 따라서 체면이 공적인 자기 이미지라는 말은 체면이 남들에 의하여 주지되고 수용되어야 할 자기 이미지라는 것이다. 체면과 구분되는 사적인 자기 이미지의 대표적인 예로는 자존심 또는 자긍심을 들 수 있다.

읽어보기 체면과 일본의 혼네 및 다테마에

체면이 손상될 수 있는 상황에서 체면손상을 면하기 위해 한국에서는 핑계, 흰 거짓말, 인사치레에서의 거짓말 등이 자주 사용된다(겉과 속의 차이).

cf. 일본인의 혼네(本音: 본심)와 다테마에(建前: 남에게 보이는 것)
다테마에 : 상대의 명예, 체면을 높이기 위한 허구적 친절
체면: 자기과시성, 권위주의적 심리

5) 눈치문화

눈치문화는 겉으로 드러난 자료 이면에 숨어 있는 진실을 뚫어보는 독특한 재주를 말한다. 한국인인 대인교류에서 아주 중요하다. 말이 많은 문화를 터부시한 문화에서 발달된 의사소통의 일환으로 발달되었다.

한국 사람에게는 남이 말한 말 한마디나 보여진 행동 하나하나를 그대로 받아들이기보다는 행동 너머의 의도를 알아내는 능력이 뛰어나다. 가령 감자 껍질을 얼마나 두껍게 깎아야 하냐고 주방보조가 물으면 주방장은 적당히 하라고 일러준다. 아마도 서구인이 들으면 적당히가 어느 정도냐고 되물을테지만 한국인 주방보조는 눈치껏 알아서 할 것이다. 어떤 학자는 한국 사람에게 눈치가 발달한 이유를 수직적 사회에서 상명하복에 복종해야 되는 것에서 찾았다. 상전의 지시를 예의 없이 되묻지 않고 일처리를 해야되는 필요에서 눈치가 발달했다는 견해다.

6) 동류의식

동류의식은 상대방과 나를 동질화시키려는 의식을 의미한다. 예컨대, 획일적 유행 현상, 식당에서 같은 음식 시키기, 같은 화제로 대화하려는 경향, 친구 따라 강남 가는 행위, 끼리끼리 모임, 붕당행위 등과 같이 상대방과 공통점을 찾으려는 심성은 바로 한국인의 내면에 동류의식이 깔려 있기 때문이다. 동류의식으로 인해 한국인은 '우리가 남인가'라는 말을 통해 상대방과의 관계를 매우 중요시 여긴다.

한국 사회의 집단주의는 집단위주보다 관계위주로 진행되며 그 점에서 관계주의로 잘 기술될 수 있다. 관계주의 문화에서 사람들은 자신의 사적 관계망을 유지하고 확대하기 위해 노력하며 관계가 연고 같은 비자발적이고 지속적인 특성을 보인다. 개인의 정체성은 자신의 관계망과 그 속에서의 위치에 의해 정의되므로 좋은 연결망(학연 등)을 확보하려는 관행이 보편화된다.

7) 빨리빨리 문화

한국에서는 모든 것들이 아주 빠르게 진행되며, 외국인들은 항상 그 속도에 매우 놀란다. 대부분의 한국인들은 일, 공부, 식사 등 모든 것들을 '빨리빨리' 한다. 한국에서는 은행, 우체국, 음식 배달 등 거의 모든 분야에서 서비스들이 빠르게 제공되며, 덕분에 사람들이 줄을 서거나 오래 기다릴 필요가 없고, 한국에서 사람들이 기차나 버스에 늦지 않기 위해 달리는 모습을 자주 볼 수 있다. 무엇보다 한국은 세계에서 손꼽히는 인터넷 속도를 보유하고 있다. 다른 나라에서 4G가 보급되고 있을 때, 한국은 이미 세계 최초로 5G 네트워크를 시작하기도 하였다.

(1) 빨리빨리 문화 발생원인

전통적인 농경사회가 강한 한국에서 빨리빨리 문화는 1960년대 시작한 경제개발5개년을 추진하면서 제일주의(第一主義)로 인해 뭐든지 무조건 남보다 앞서지 못하면 뒤쳐져서 소외된다는 강박관념이 사회전체에 퍼졌고, 업무의 질보다는 단기간 내에 그럴싸하게 완성해야 인정을 받는다는 분위기가 형성되었다.

한국의 '빨리빨리' 문화에서 주요 원인 중 하나가 '신분상승의 가능성'이었다. 한국 근대화를 이끌던 주요 인물(정계의 박정희, 김대중 전 대통령, 재계의 정주영, 이병철)들이 양반 명문 세가 출신은 아니었다는 점이다. 또한, '빨리빨리' 문화를 이끌던 심리적 요인 중 하나는 안보불안이다.

한반도는 해양・대륙세력이 교차하는 위치에 있어 오랜 기간동안 중국과 일본으로부터 침략을 받았고, 근대에 와서는 미국, 일본, 중국, 러시아의 각축장이 되었으며, 현재는 남북한이 분단되어 있는 상황에서 미국과 중국 간의 갈등 등으로 늘 전쟁의 위험에 놓여 있었다. 이러한 이유로 한국인들은 원초적 불안감에서 벗어날 수 없었다.

빨리빨리 문화는 수많은 시행착오를 거치며 오늘의 대한민국을 만들었다. 한국은 성수대교와 삼풍백화점 붕괴와 같이 허무하게 무너지던 다리와 건물을 짓던 나라에서 세계 최고의 버즈 두바이와 세계 최장의 다리 중 하나인 인천대교를 만들었고 6·25의 폐허에서 오늘의 대한민국이 된 것은 빨리빨리와 스피드를 좋아하는 민족성이 있어서 가능했다.

읽어보기 당 걸음수

"세계 각국 국민의 1분간 걸음걸이 수를 조사하면 미국인은 분당 평균 25걸음을 걷고 영국인은 분당 평균 29걸음을, 일본인은 분당 평균 35걸음을 걷는데 비해 한국인은 평균 56걸음을 걷는다고 한다."

출처 : 코리안스피릿 2012-10-20 http://blog.daum.net/ywhwchang/6220

일본의 저명한 경제평론가인 오마에 겐이치는 2006년 "한국은 일본에 더 배워야한다"고 훈수했듯이 일본인들이 우리나라를 깔볼 때 많이 나오는 말이기도 한데 와우아파트, 삼풍백화점, 성수대교의 붕괴를 비웃으며 그말이 그대로 우리 언론에 들어와 자조적인 말이 되었다.

(2) 빨리빨리 문화의 장점

① 경제성장

한국인 문화의 특징으로 조급한 성격과 높은 국가적 자부심, 국제적 인정을 받고자하는 열망 등을 꼽았다. 이같은 한국의 문화는 전쟁의 폐허를 극복하고 세계 11위 경제대국으로 발전시키는 원동력이 되었고, 물불 안 가리고 뛰어드는 것이 과감한 선도투자로 조선 반도체 통신 IT산업을 주도하게 되었으며, 남에게 뒤쳐지면 안된다는 조급함은 높은 교육열로 우수한 인재양성으로 연결되었다.

② 인터넷 기반 산업 성장

앨빈 토플러의 제3의 물결이 닥쳐오고 피터 드러커의 지식기반사회가 디지털시대의 개막과 함께 세상의 패러다임을 바꾼 것이다. 이런 변화의 중심에는 물론 인터넷이 있고 우리는 단 2년만에 세계최초로 인터넷을 활성화시키며 빌 게이츠가 인터넷이 활성화되고 돈벌이가 되려면 앞으로 10년 이상 걸릴 것이라는 1998년의 예측을 비웃었다. 빌 게이츠가 한국에 와서 감탄한 인터넷 인프라는 순전히 빨리빨리의 덕분이다.

일본인들이 속으로 신중하고 치밀하게 손익계산하며 준비하고 있을 때 우리 기업들은 번개같이 과감한 투자로 반도체, 휴대폰, IT, LCD, 인터넷, 조선, 자동차 등에서 세계시장을 장악했다. 한국이 특유의 '빨리 빨리' 문화를 기반으로 세계 모바일 시장에서도 질주하고 있다. 스마트폰 도입이 미국, 일본 등 선진국보다 1~2년 뒤졌지만, 더 빠른 보급률과 이용률로 '세계 모바일 유행 1번지'로 급부상하고 있다. 이 스피드와 빨리빨리는 우리의 강점이다.

(3) 빨리빨리 문화의 단점

① 여유 없는 삶

한국은 다른 나라에 비해 많은 것이 한꺼번에 바뀌었다. 아무도 다른 사람을 기다려주지 않는다. 그러기 때문에 남보다 뒤처지면 안된다는 부담이 어릴 때부터 스트레스로 작용한다. 예를 들어, 한국 사회에서 느리다는 것은 거의 범죄이기에 한국 학생들은 모든 과목을 미리미리 공부해 두어야만 하기 때문에 사교육이 성업 중에 있다. 사회에 나와서도 누가 얼마나 빠르게 하느냐가 그 사람의 능력을 말해주는 것이기 때문에 모두가 마음이 급하다. 마음이 급하기 때문에 택시를 잡을 때 "택시!"라고 외치는 대신에 "잠실!"이라며 목적지를 먼저 외치게 되는 것이다. 식당에서 음식이 늦게 나오는 것을 참지 못하고 서비스센터에서 일처리를 늦게 해주면 화를 내고 불평한다.

② 안전불감증

1970~80년대에는 세계에서 유래가 없을 정도로 짧은 시간 내에 엄청난 경제성장을 이루기도 했지만 현재는 우리 사회에 치명적인 약점이 되고 있다. 우리나라의 경제력은 OECD회원국 중 10위권의 강대국

이지만 안전에 대한 의식수준은 후진국 수준이라는 자조의 목소리까지 나오고 있다. 성수대교, 삼풍백화점 등 그동안 수많은 사고로 엄청난 인명 및 재산 피해를 입었지만 아직도 대다수의 시민들은 안전에 대해 둔감하다.

1- 부실공사가 낳은 참사, 성수대교 사고
2- 경찰에서도 화상회의는 보편화되어 있다
3- 유비쿼터스 정신을 구현하는 디지털 강국 한국의 면모

http://weekly.hankooki.com/lpage/08_focus/200811/wk20081102135216100090.htm

6

요인별 문화차이 및 에티켓

1. 언어
2. 종교
3. 음식 및 식사방법
4. 가치관
5. 에티켓

6 요인별 문화차이 및 에티켓

제1절 언어

1 글로벌 인재와 의사소통능력

1) 의사소통능력

세계화 환경은 사람들의 접촉을 더욱 빈번하게 만들었다. 사람들의 접촉이 늘어나면서 의사소통능력이 더욱 중요시 되었다. 왜냐하면, 인간관계에서 가장 중요한 것은 원만한 의사소통이며, 의사소통을 위하여 언어가 필요하다. 지구상에는 3,000여 개의 언어가 있고 지역 방언을 포함해 약 10,000종에 달한다. 언어는 문화를 구별하는 가장 뚜렷한 요소이어서 언어를 배운다고 하는 것은 그 나라나 민족의 문화를 배우는 것을 의미한다.

글로벌 인재 경쟁력은 영어능력이 아닌 소통능력에 있다. 의사소통에 있어서 우회적이며 비언어적 요소들이 많이 사용되는 고배경문화권에 있어서는 기업은 현지국과 상호오해를 줄일 수 있도록 사전에 주의와 노력을 기울여야 한다. 이와 같은 문화적 복잡성은 국제기업인에게 현지국 문화에 대한 치밀한 준비가 요구된다.

의사소통방컵에는 언어적인 요소와 비언어적인 요소가 있다. 글로벌 비즈니스에서 몸짓언어(body language, 제스처)의 의미를 모르면 사고나 오해를 일으킬 수 있다. 사람들의 의사소통은 말로만 이루어지는 것이 아니고, 몸짓언어로도 자신의 의사를 간단하게나마 전달할 수 있다.

〈표 6-1〉 언어적 의사소통과 비언어적 의사소통

구분	구두(Oral)	비 구두(Non Oral)
언어적(verbal language)	말	글
비언어적 (non verbal language)	한숨, 비명, 목소리, 크기, 높낮이, 목소리 빠르기, 강세, 음색 등	제스처, 몸짓, 외모, 표정 등

〈표 6-2〉 '예/아니오' 문화적 차이와 외국인과의 대화법

'예'와 '아니오'

머리를 끄덕이는 것과 가로 젓는 것은 전 세계적으로 '예', '아니오'를 나타내는 가장 일반적인 동작이지만, 예외도 있다. 불가리아는 '예'라고 할 때 머리를 가로 젓고, '아니오'라고 할 때 머리를 끄덕인다. 그리스와 이탈리아 일부 지방에서는 '아니오'라고 할 때 머리를 뒤로 젖히고, 혀를 내민다. 에스키모인들은 '예'라고 할 때는 머리를 끄덕이지만, '아니오'라고 할 때는 윙크를 한다. 서양에서는 대화 중 '나', '내 남편', '내 아들'의 표현이 많지만 우리나라의 경우 '우리'라는 표현을 자주 사용한다.

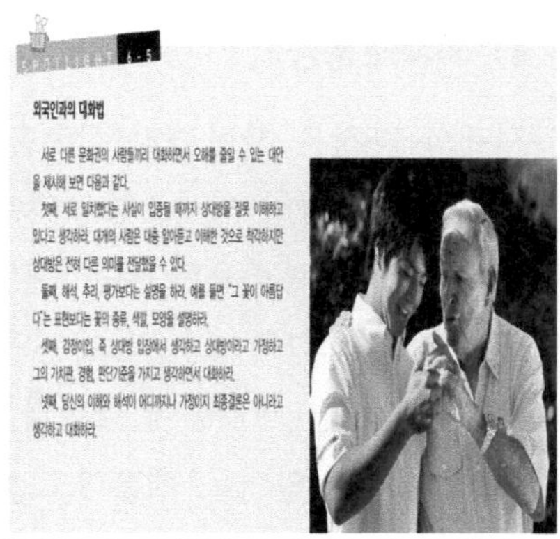

외국인과의 대화법

서로 다른 문화권의 사람들끼리 대화하면서 오해를 줄일 수 있는 대안을 제시해 보면 다음과 같다.

첫째, 서로 일치했다는 사실이 입증될 때까지 상대방을 잘못 이해하고 있다고 생각하라. 대개의 사람은 대충 알아듣고 이해한 것으로 착각하지만 상대방은 전혀 다른 의미를 전달했을 수 있다.

둘째, 해석, 추리, 평가보다는 설명을 하라. 예를 들면 "그 꽃이 아름답다"는 표현보다는 꽃의 종류, 색깔, 모양을 설명하라.

셋째, 감정이입, 즉 상대방 입장에서 생각하고 상대방이라고 가정하고 그의 가치관, 경험, 판단기준을 가지고 생각하면서 대화하라.

넷째, 당신의 이해와 해석이 어디까지나 가정이지 최종결론은 아니라고 생각하고 대화하라.

2) 표음 · 표의문자

문자는 표음문자와 표의문자로 나눈다. 표음문자는 사함이 말하는 소리를 기호로 나타내는 글자이다. 한글, 일본어, 영어, 아랍어 등이 여기에 해당한다. 표의 문자는 하나의 문자가 하나의 추상적 개념과 대응되는 문자들을 가리킨다. 사물의 형상이나 그림으로 표현하는 문자형태를 말한다. 예를 들어 川(내 천)자 경우, 소리는 '천'이고 의미는 '내'로서 읽을 땐 천이나 뜻은 내이므로 소리와 뜻이 다르다. 한자나 이집트문자가 여기에 해당한다.

3) 해음문자

해음문자는 한자 문화권 전반에 걸쳐서 나타나는 언어적 현상이다. 어떠한 단어가 또 다른 단어와 같은 소리가 나거나 혹은 비슷한 소리가 나면 해당하는 또 다른 단어의 이미지를 연상시키게 만드는 언어유희나, 이로 인하여 금기나 미신이 생기는 현상을 뜻한다.

해음은 중국의 선물 풍속에 녹아 있다. 술은 중국어 발음으로 주(酒)다. '오래, 길게'를 뜻하는 주(久 · 구)와 발음이 같다. 술 선물이 상대방과 오래 사귀겠다는 의미를 갖게된 이유다. 사과를 뜻하는 핑궈(苹果)는 '평안하다'를 뜻하는 핑안(平安 · 평안)과 음이 비슷하다. 건강과 안녕을 기원하는 선물로 적합하다. 중국에서는 일반적으로 결혼 피로연 음식에 파가 들어간 음식을 기피한다. 중국어로 파를 '총(葱, cōng)'이라고 하는데, '충돌하다', '돌진하다'의 뜻을 가진 '총(冲 chōng)'과 발음이 비슷한데 신혼부부가 서로 충돌하고 돌진한다는 것이기 때문이다.

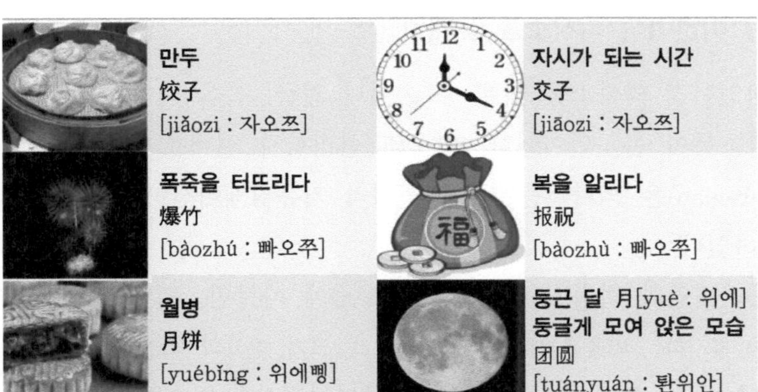

자료: https://m.blog.naver.com/chinasisa/221376369952

[그림 6-1] 다양한 해음현상들

〈표 6-3〉 기업의 중국진출시 해음문자로 인한 성공·실패 예

<table>
<tr><td colspan="2">

〈중국 진출 성공사례〉
도마뱀을 중국에서는 '삐후(壁虎, bìhǔ)'라고 부르는데, '비호하다, 보호하다'라는 뜻의 '삐후(庇护 bìhù)와 성조는 달라도 발음이 같아 도마뱀이 내 차를 보호하고 지켜줄 것이라는 의미를 갖는다.</td></tr>
<tr><td>

〈중국 진출 실패사례〉</td><td>마쓰다의 일본 한자인 '松田'은 중국어로 '쑹티엔(sōngtián)'으로 발음하는데, 한자는 달라도 발음이 같은 '쑹티엔(送天, sòngtiān; 하늘로 보낸다)'이라는 부정적인 단어</td></tr>
</table>

2 비언어적 의사소통

1) 비언어적 의사소통의 개념

비언어적 의사소통 체계 중 손이나 얼굴, 몸을 이용해서 전달하는 의사소통이 몸짓언어이다. 미국의 심리학자 앨버트 메라비언(Albert Mehrabian)은 의사소통에서 비언어적 커뮤니케이션이 매우 중요하다고 하였다.

메라비언의 법칙(Law of Mehrabian)에 따르면, 의사소통에서 언어[단어 차지하는 비율은 7%, 목소리(빠르기, 크기, 톤)]의 비율은 38%인데 반해, 눈맞춤, 표정, 자세, 손짓 등 보디랭귀지가 차지하는 비율은 55%에 달한다고 한다. 완벽한 의사소통을 원한다면 7%밖에 안 되는 말에 의존하지 말고 93%를 차지하는 비언어적 의사소통체계(바디 랭귀지)를 활용해야 한다고 하였다.

몸짓언어는 만국 공동어이다. 그러나 각 문화권은 다른 사람의 주의를 끌기 위해 또는 대화의 흐름을 방해하지 않고 의사소통하기 위해 하나의 몸짓 언어로 제스처를 만들어 냈다. 동일한 몸짓이라고 하더라도 나라나 지역에 따라서는 정반대의 의미를 갖기도 하며, 때론 아주 난처한 입장에 처하게 된다. 비즈니스를 위해 해외 출장을 할 때에는 적절한 몸짓언어를 익혀두면 유용하다.

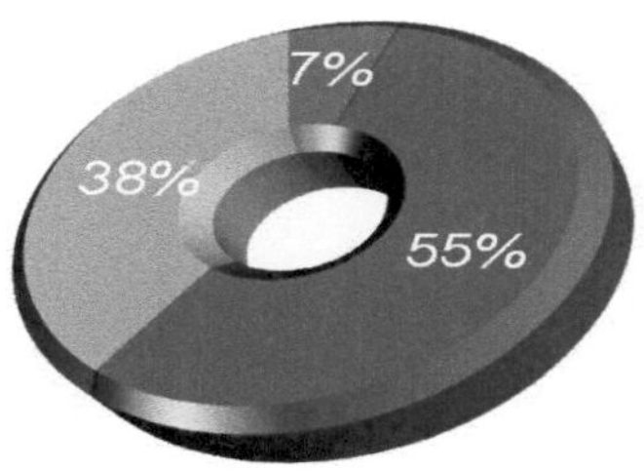

[그림 6-2] 메라비언의 법칙

읽어보기 동남아시아에서 아이 머리만지기

한국의 한 사업가가 캄보디아에 신규시장 개척 차 출장을 갔다. 출장 사흘째 되던 날 그는 현지인 사업 파트너 가정에 초대받아 현지인 집에 도착하자마자 그는 초등학교에 다니는 현지인의 아들에게 선물 꾸러미를 풀어놓았다. 아이들이 즐거워하자 한국인 사업가는, 한국에서 늘 그랬듯이 아이들의 머리를 쓰다듬으며 잘 사용하라고 말했다. 순간 그 집 아이들과 현지인 파트너의 얼굴이 씁쓸한 표정으로 변했다.

캄보디아, 베트남 등 동남아시아의 많은 나라에서 머리의 의미는 인간의 영혼이 들어있는 신성한 곳으로 부모 외의 다른 사람들은 만지지 않는 것이 불문율이다.

2) 비언어적 의사소통의 특성

비언어적 행위가 의사소통에서 중요한 이유는 비언어적 행위 표현이 가지고 있는 다음과 같은 특성들을 통해서도 이해될 수 있다.

(1) 그 나라의 문화를 반영한다.

문화는 비언어적 의사소통 영역에서 매우 강력한 영향력을 행사한다. 그 사회의 생활양식이라 할 수 있는 문화는 각각 그 나름의 비언어적 의사소통 체계를 가지고 있다. 그래서 각 국가나 민족, 또는 사회 분야나 계층에 따라서 독특하고도 고유한 비언어적 의사소통 행위를 가지고 있는 것이다.

(2) 시대성이 드러난다.

예전부터 쓰이던 비언어적 행위 표현이 사라지고 새로 만들어지기도 한다. 생활 습관, 문화 풍습, 정치 배경 등이 동시대 사람들의 행위에 다소 영향을 끼치기 때문이다. 우리나라에서 양손을 머리 위에서 하트 모양을 만들어 '사랑한다, 좋아한다'는 의미를 나타낸다. 중국 무협 드라마를 보면 사람들이 만날 때에 양 손을 깍지 낀 채로 얼굴까지 올려 인사를 했으나 이러한 인사법은 오늘날 악수로 대신하고 있다.

(3) 오해를 일으킬 수 있다.

사람들은 대부분 자기가 상대방에 대해 다 이해하거나 잘 안다고 생각하는 경우가 많다. 이것은 상대방의 비언어적 행위 표현을 보고 다른 사람들도 모두 자기와 똑같이 해석할 것이라고 생각하는 잘못된 믿음에서 비롯된 것이다. 친구와 함께 놀다가 헤어지면서 잘 가라는 뜻으로 손을 흔들었는데 친구는 다시 오라는 뜻으로 알고 다시 되돌아왔다거나, 수업시간에 학생이 기지개를 폈는데 선생님께서는 손을 든 것으로 알고 발표를 시킨 경우처럼 비언어적 표현이 항상 똑같은 의미를 갖지 않으며 사용하는 사람에 따라 다른 의미를 가질 수도 있음을 나타낸다.

(4) 음성언어에 앞서 많은 정보를 제공해 준다.

말하는 사람의 외모, 몸동작, 머리 모양. 얼굴 표정 등을 통해 그에 대한 정보를 얻을 수 있다. 상대방을 파악하는 첫 번째 정보는 외모나 얼굴 표정 등과 같은 시각적 비언어적 단서에 의해 얻어진다고 할 수 있다. 또한 주변 환경적인 것도 영향을 끼친다. 예를 들어 대통령이 연두 기자회견 전에 회견장에 태극기, 붉은 카펫, 대통령 휘장 등의 상징물들을 배치하는데 이것은 국민들로 하여금 경외심과 존경심을 불러일으킨다.

(5) 무의식적이면서도 본능적 성격이 강하다.

사람들은 다른 사람과 이야기할 때 자신이 하는 말에 열중하느라 자신의 표정이나 어조, 옷차림 등은 전혀 의식하지 못한다. 그렇지만 이런 비언어적인 것들로 인해 자신의 다른 면들이 노출되고 있는 것이다. 또한 아무리 숨기려 하는 거짓말도, 감정도 비언어적 표현으로 하여금 다른 사람에게 자연스럽게 드러나고 마는 것이다.

(6) 음성언어로 할 수 없는 것을 표현할 수 있다.

사람들은 자신의 생각이나 느낌을 말로 하는 것이 상대방에게 무례하게 받아들여질까 봐, 내키지 않거나 기타 여러 이유로 말을 하고 싶지 않을 때 비언어적 방법을 사용한다.

3) 비언어적 의사소통의 유형

우리나라에서는 처음 보는 아이여도 머리를 쓰다듬거나 안아주는 일이 흔하다. 그러나 외국 사람들은 낯선 사람이 아이 몸에 손을 대면 몹

시 불쾌하게 여기는 경우도 많다. '예쁘다'는 한두 마디 칭찬은 괜찮지만 우리나라에서처럼 다가가서 인사하거나 가벼운 터치는 조심하여야 한다. 귀여워서 한 행동이 성추행으로 오해받을 수 있기 때문이다.

우리나라에서는 길을 가다 보면 여성들이 팔짱을 끼거나 손을 잡고 걸어가는 모습을 종종 볼 수 있다. 이런 모습들은 외국인이 볼 경우 동성애자로 오해할 수 있다. 다른 나라에서는 주의해야 하는 행동이다.

〈표 6-4〉 접촉행위에 따른 의미와 형태

구분	의미비교	접촉형태
스치는 행위 (touch)	약: 반가움, 호기심	손, 발, 어깨 등에 의한 접촉
	강: 적대감, 경고신호, 불쾌감	
만지는 행위 (pat)	약: 안정감, 호감표시	손을 이용하여 얼굴이나 몸을 만지는 형태의 접촉
	강: 두려움, 강압적 의미	
문지르는 행위 (scrape)	약: 투정, 애정표시	손, 팔, 다리 등을 이용한 반복적 접촉
	강: 의사관철, 강요	
움켜쥐는 행위 (hold)	약: 인사, 반가움, 호감표시	악수 또는 손목, 목 언저리 등에 대한 자극
	강: 경계심, 힘의 과시	
누르는 행위 (push)	약: 우호적 관계, 호감의 표시	손이나 몸 전체로 상대방에 가하는 압력
	강: 지배의지 표출, 강압	
주무르는 행위 (massage)	약: 애정표현	손을 이용한 신체접촉
	강: 불만, 비우호적 표현	
긁거나 할퀴는 행위 (scratch)	약: 반가움의 표시	손톱을 이용한 신체접촉
	강: 적대감, 질투표현	
갑작스런 행위 (charge)	약: 반가움의 표시	몸 전체 또는 일부를 이용한 고의적 접촉
	강: 불만, 적대감의 표시	
껴안는 행위 (hug)	약: 애정, 호감, 예의	상대방의 신체 전면, 후면에 대한 접촉
	강: 강압, 행동규제	

생각해보기 **예의가 없다 vs 문화 차이다**

빌 게치이츠 회장이 박근혜 대통령을 예방하면서 주머니에 손을 넣고 악수를 하는 모습을 보고, "예의가 없다'라는 반응과 "미국식 문화이며 과거 이명박 대통령과 다른 정상들과도 격의없이 하는 행동"이기 때문에 이해를 해야 한다는 반응으로 나누어졌다. 여러분들은 어떻게 생각하는가?

〈표 6-5〉 손가락 언어의 국가적 차이

표시	각국의 의미
	• 한국 : OK 사인, 돈 • 일본 : 돈 • 미국, 서유럽, 중국 : OK 사인 • 브라질, 지중해 연안과 러시아, 터키 : '성적 모욕('동성애자', '구멍')'의 의미 • 프랑스. 튀니지, 벨기에 : 숫자 '0' 또는 '형편없다'
	• 한국 : '승리', '숫자 2' 및 사진 찍을 때'김치~'의 의미 • 미국: 승리 • 프랑스 : '평화'를 뜻함 • 영국과 뉴질랜드, 호주, 몰타 : 욕설 또는 '죽어라'라는 뜻
	• 한국, 동양 : 숫자 '1'을 의미 • 유럽과 서양 국가: '1'뿐 아니라 '실례합니다', '안 돼', '하늘이 내려다보고 있다'라는 의미
	• 대부분 국가 : '최고다', '좋다', 'OK', 유럽 : 숫자 '1' • 일본: '남자'와 숫자 '5 • 호주: 손 모양을 위로 치올리면 '엿 먹어라!'라는 뜻 • 그리스: 앞으로 찌르듯 내밀면 '엿 먹어라!'라는 뜻

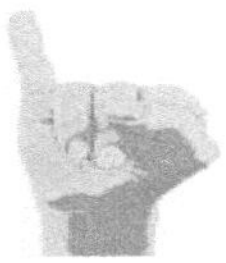	• 한국, 일본 : '여자, 애인' • 남아메리카 : '얇다' • 프랑스 : '허튼수작 하지 마라' • 발리 : '나쁘다' • 지중해 연안 국가 : '남자의 성기가 작다'

제2절 종교

1 종교의 이해

종교는 신이나 부처 등 초자연적 존재에 관한 신앙을 가리키는 것으로 생각할 수 있다. 종교의 기본요소는 신·부처·영(靈)·법·원리·도 등으로 불리는 초월적·절대적 존재에 대한 체험이다. 종교는 원시시대에서 현대사회에 이르기까지 역사의 발전과 함께 그 사회적·문화적 기능을 달리하면서 전개되어 왔다. 문명의 핵심은 종교이며, 세계의 주요 문명은 유교 문명, 서구 기독교 문명, 동방정교 문명, 이슬람 문명, 아프리카 문명, 인도의 힌두 문명 등으로 구분되기도 한다.

종교는 물질생활, 즉 재화와 서비스를 소유하는 태도에 영향을 미친다. 예를 들면 이슬람에서는 물질적인 부를 부정하는 반면에 기독교에서는 근로의 신성함을 강조하기 때문에 물질적인 부를 근로의 성과로 받아들인다.

종교는 특정한 재화와 서비스에 대한 사용을 금하기도 한다. 힌두교에서는 쇠고기, 이슬람에서는 돼지고기, 그리고 불교에서는 육식을 금하고 있다. 따라서 이러한 제품을 취급하는 기업활동에도 영향을 미친다.

종교는 결혼과 장례와 같은 사회적인 관습뿐만 아니라 남성과 여성의 책임에도 영향을 미친다. 특히 이슬람은 엄격한 부계사회로써 여성의 사회활동을 금지시키고, 여성은 주부로서의 역할만을 충실히 수행하도록 강조한다.

〈표 6-6〉 종교와 금기식품

구분	의상	금기 식품	고유 관습
불교	-	육식(채식 선호)	탁발
이슬람교	차도르, 히잡, 터번	돼지고기, 술, 비늘 없는 물고기	5대 의무, 일부다처제
힌두교	사리, 터번	쇠고기(소는 신성한 동물)	적선
유대교	키파	돼지고기, 술, 조개류, 비늘 없는 물고기	-

한국의 종교는 무엇인가? 기독교, 불교 등이 있지만 저명한 종교학자는 한국인의 심층에 있는 무교(巫敎), 즉 무속신앙을 제시한다. 우리 민족의 시조인 단군왕검을 생각하면 이해가 갈 것이다. 무교의 핵심은 신명, 신내림이다. 신내림, 논리, 패기가 묘합(妙合, 절묘하게 합쳐짐)함으로써 비로소 한국인의 정신세계를 구축할 수 있다. 2002년 월드컵 당시의 축구열기 및 신바람 경영 등은 한국의 심층저변에 있는 것들이 표출된 예라 할 수 있다.

한국인의 이러한 풍류와 신명은 한류(Corean waves)로 결실을 맺고 있다. 즉 한국드라마와 K-팝이라는 엔터테인먼트 산업을 앞세우고 한국의 제조 및 서비스산업과 관광산업을 이끌고 있다.

읽어보기 신명과 2002년 월드컵

신명의 세 가지 요소 중 신내림이라는 것은 바람직한 이념과 목표를 기원하는 것으로 이는 국민의 열망인 16강 달성이고 논리는 과학적인 훈련과 투자로 이는 히딩크라는 걸출한 지도자를 영입함으로써 이루었다. 또한 패기(pathos)란 축구에서 선수와 국민들의 감정과 열정과 공감이 어우러진 것이다. 이러한 것이 "붉은악마"로 구체화 되었다.

2 주요 종교의 이해

1) 유교

기원전 6세기에 중국에서 태어난 공자의 가르침을 따르는 종교로서 모든 사람이 각자의 정해진 역할을 수행하고 자기 의무를 다하면 사회 질서가 유지될 것이라고 가르치며 그런 목적을 위해, 유교는 인간과 사회의 모든 관계 - 군신 관계, 부자 관계, 부부 관계 등을 성문화하고 행동 지침을 제시한다.

예와 효를 중요시 여기며 사후 세계와 영혼 불멸을 믿기 때문에 죽은 조상을 숭배하고 제사를 지낸다. 중국에서 한국, 일본 등의 나라로 퍼져 나갔으며, 현대에는 유교의 종교로서의 기능이 거의 쇠퇴하였지만, 가르침과 사상, 일부 전통은 아직도 깊게 뿌리박혀 남아 있다. 일례로 제사를 지내지 않는 기독교가 유입되었음에도 불구하고 중국, 한국, 일본 등에서는 조상숭배와 제사라는 유교적 전통의식을 행하고 있다.

2) 불교

기원전 6세기경에 태어난 인도의 왕자 고타마 싯다르타[붓다, 석가모니(釋迦牟尼)(B.C.463-383)]가 도달한 불타(佛陀, Buddha)가 되는 길을 가르치는 종교로의 가르침을 따르는 종교이다. 인간은 누구나 수양과 노력을 통해 불타가 될 수 있다. Buddha란 깨닫다, 깨친다는 말의 명사형(名詞型)으로 깨친 사람, 깨달은 사람이란 뜻으로 한자로는 각(覺), 오(悟)자를 써서 각자(覺者) 또는 오자(悟者)라고 한다.

불교는 생로병사에 대한 인간의 깨달음을 통해 구원을 얻게 된다고 주장하며 살생을 금하고 자비를 강조하는 종교, 전생과 사람이 죽으면 다른 생명으로 다시 태어난다는 윤회사상, 악인들은 사후 불타는 곳에서 영원히 고초를 받는다는 지옥불 교리를 믿는다. 인도에서 티베트, 중국 등을 거쳐 한국과 일본으로 전파되었으며, 한국에 등장한 최초의 세계적 종교이다.

3) 힌두교

고대 인도에서 발생한 종교로서 많은 신과 여신을 숭배한다. 3억 3천의 신이 있다고 말한다. 힌두교의 뿌리를 일부 역사가들은 기원전 1500년 경 인더스로 건너간 아리아 민족에 두기도 한다.

주요 경전으로는 베다가 있으며 기원전 900년 경에 완성되었다. 이들은 비폭력을 추구하며 다른 생물을 죽이지 않으려 한다. 소와 뱀, 원숭이에게도 경배하며 영혼불멸과 전생, 윤회, 환생, 사후세계, 악인의 지옥불 및 고초 사상을 믿는다. 따라서 선한 자들에게 죽음은 또 다른 세계로 가는 해방이라고 믿는다. 세계적으로 유명한 엄격한 계급 제도인 카스트 제도가 이들에 의해 생겨났다.

4) 크리스트교

예수 그리스도로부터 유래하는 크리스트교는 삼라만상의 창조주인 삼위일체 하나님을 믿으며, 인간의 타락과 그의 아들 예수 그리스도를 통한 구원을 확신하고, 죽음 이후의 부활과 영원한 삶을 믿는다. 크리스트교 교인들은 성경이 하나님의 말씀이라고 생각하고 하나님의 계시를 믿으며 하늘나라와 지옥, 성령과 악령의 역사(役事)를 믿는다.

또한 죽음과 악령의 지배로부터 인간을 온전히 구원하실 하나님의 마지막 때(종말론)를 믿는다. 크리스트교는 1세기경에 예수의 사도(使徒)들에 의하여 탄생할 당시에는 유대교와 고대 그리스 문화가, 후에는 로마 및 서구문화와 영향을 주고받았다. 크리스트교는 크게 로마 천주교와 개신교(改新敎)로 양분된다.

5) 이슬람교

6세기 경 사우디아라비아의 무하마드가 신의 계시를 받아 기록했다는 코란을 경전으로 인정하고, 유일신을 숭배하며 영혼불멸과 지옥불 사상을 믿는 종교이다. 7세기 초부터는 세계 전역으로 급속히 전파되었다. 이슬람교의 전파과정에서 크리스트교와 충돌하는 일이 발생했고 가톨릭은 십자군을 조직하여 대대적 군사행동을 감행하였다. 하지만 현재 이슬람교는 세계에서 기독교 다음으로 많은 신자를 두고 있고 번성하고 있는 종교이다. 최근 한국에도 중동 지역의 이슬람교 이민자들이 증가하여 교세가 확장되고 있다.

6) 유대교

유대교는 천지만물의 창조자인 유일신(야훼)을 신봉하면서, 스스로 신의 선민임을 자처하며 메시아(구세주)의 도래 및 그의 지상천국 건설을 믿는 유대인의 종교이다. 유대교는 아브라함을 이스라엘의 시조로, 모세를 민족의 지도자로 섬기고 있으며, 모세5서, 미슈나(Mishnah), 탈무드 등의 성서와 율법이 현재까지 전해져 오고 있다.

읽어보기 크리스트교, 이슬람교 및 유대교

크리스트교, 우대교, 이슬람교는 사막 지역을 이동하며 생활하고, 철저한 부계사회로 지배와 종속 관계가 엄격하며, 신과 인간의 관계를 수직적 관계로 바라보는 종교로서, 본래 한 개의 뿌리에서 나온 종교로 보기도 한다.

세 종교 모두 아브라함을 조상으로 섬기며 이들이 언급하는 '신'은 각자 사용하는 언어만 다를 뿐 모두 같은 '신'을 의미한다. 또한 이들의 종교에서 이야기하는 최후의 심판, 천국과 지옥, 천사와 악마 등의 개념도 일치한다. 크리스트교, 이슬람교 및 유대교는 유일신을 섬기는 일신교로 모두 예루살렘에 성지를 두고 있으며 그 뿌리가 같은 아브라함 계통의 종교이다. 아브라함에게는 이삭과 이스마엘이라는 두 아들이 있었으며 이 중 이삭의 후예들이 유대인이 되었고 이스라엘 후손들이 아랍인이 되었다. 유대교가 근본인 이 종교들은 유대교로부터 예수가 나타나자 크리스트교가, 그리고 무함마드가 등장하면서 이슬람교가 창시되었다.

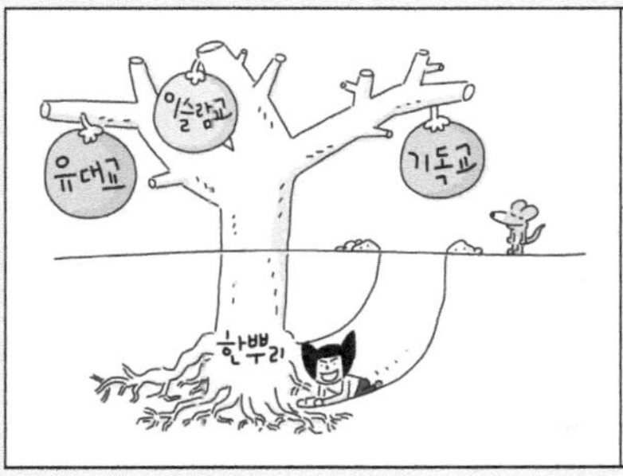

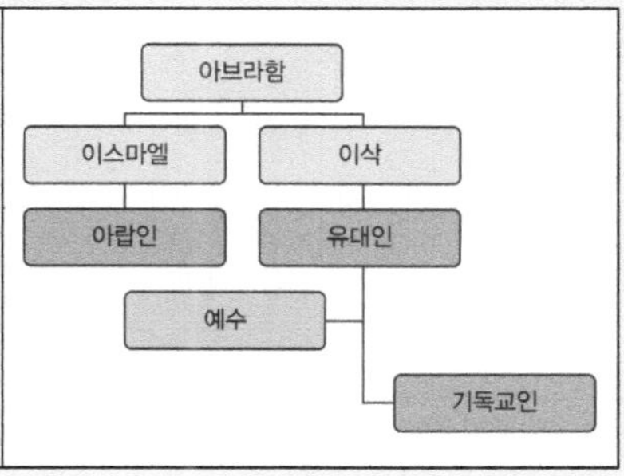

제3절 음식 및 식사방법

1 음식

1) 음식의 개요

모든 나라에는 자신들의 고유한 음식이 있다. 의식주의 하나로 꼽히는 음식이라는 물질은 인간이 생물학적으로 육체를 유지하기 위해 확보해야 하는 1차적인 대상이라고 할 수 있다. 하지만 음식과 관련된 사람들의 행위는 일반적으로 각각의 과정을 거칠 때마다 문화적 선택을 하지 않을 수 없다.

즉, 음식의 재료로 무엇을 선택하는가, 어떻게 원료를 확보하는가, 무슨 음식을 어떻게 조리하는가, 어떤 조리 과정을 거쳐 음식을 완성하는가, 누가 어떤 상황에서 어떻게 마시고 먹는지, 그리고 어떤 음식을 어떻게 소화・배설하는지 등의 문제 등에는 언제나 '선택'이라는 조건이 따라 붙는다.

한 문화집단이 주로 소비하는 음식의 재료는 자연환경에서 비교적 구하기가 쉬운 자연물에 의해서 결정되는 경우가 많다. 즉, 인간과 자연환경과의 상호작용 과정에서 특정한 재료가 선택된다. 재료를 먹을 수 있는 음식으로 변환시키는 데는 조리방법(cooking method)이 개입한다. 사람에 따라 서로 다른 조리방법은 행위를 위한 규칙의 하나인 조리법(recipe)을 만들어낸다.

음식은 한 나라의 역사를 반영하기도 하며 문화를 형성하는 주요한 부분이다. 사람들은 이를 '음식문화'라 한다. 따라서 음식문화에 대해서 자신들의 문화와 다르다는 이유만으로 가타부타 언급하는 것은 올

바른 자세가 아니다.

예로서 유목민족은 가축을 기르기 위해 목초지를 찾아 이동하는 것이 생업이었고 농경문화보다 훨씬 고기가 풍족하여 고기는 그들의 주식을 이루었다. 또한 개는 소나 양을 키우는데 매우 유용하여 단백질은 소나 양에서 섭취할 뿐 굳이 개를 잡아먹을 이유가 없었다. 그러나 농경민족은 고기가 매우 귀했다. 농경문화에서 소는 땅을 일구거나 힘든 것을 이동시키는데 큰 역할을 하여 개보다 유용했다. 집에서 기르는 돼지도 1년에 한두 번 있는 잔치상에서나 맛볼 수 있는 귀한 음식이어서 농경문화에서는 개나 닭이 단백질을 공급해 줄 수 있는 중요한 수단으로 자리잡아 왔던 것이다.

2) 음식에 대한 문화적 접근

음식에 대한 문화적 접근은 물질에 기반을 둔 채용할 수 있는 기술(technology)과 조직(organization), 그리고 이념(ideology)이라는 문화의 하위 구성요소가 역동적으로 상호작용 한다는 시각이 필요하다. 특히 행위자를 중심에 둔 시스템적인 사고를 통해서 음식물이라는 물질적 차원을 문화의 차원으로 상승시킬 수 있다.

예를 들어 음식을 생산하고 소비하는 일련의 과정에는 음식의 생산과 소비에 관련된 생업기술 및 생활기술과 같은 테크놀로지가 일정한 축을 이루며 진행되지만, 그 속에는 사람들 사이의 조직인 친척관계와 사회조직이 간여하며, 동시에 어떤 음식을 먹을 것인가 먹지 않을 것인가를 결정하는 금기나 종교적 세계관과 상징이 개입된다. 이런 전체 과정을 표현하면 [그림 6-3]과 같다.

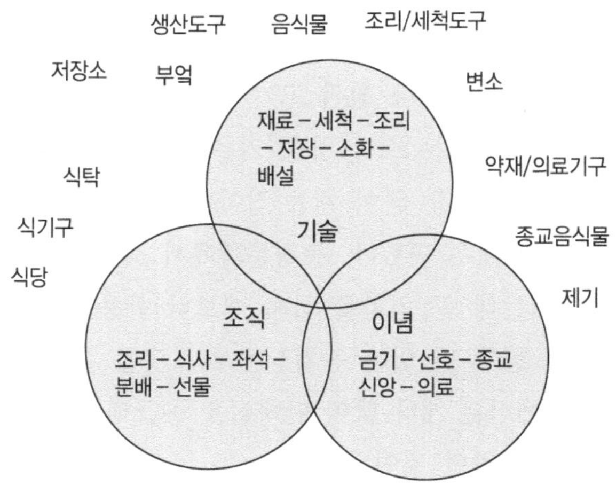

[그림 6-3] 음식과 음식행위의 문화적 구조

읽어보기 돼지숭배 vs. 돼지 혐오

(1) 돼지 숭배

세계의 돼지 숭배 중심지는 뉴기니아와 남태평양 멜라네시아 군도에 있다. 이곳 원주민들은 돼지를 신성한 동물로 여겨 조상들에게 바치고 결혼이나 축제와 같은 중요한 행사 때 잡아먹기도 한다. 이들은 세상을 떠난 조상들이 돼지고기를 갈망하고 있다고 믿고 있다. 그러면 이들이 돼지를 숭배하고 좋아하는 이유는 무엇일까?

이들은 돼지와의 사귐이 없이는 진정으로 인간적인 삶을 영위할 수가 없다고 생각한다. 돼지 숭배자들은 기르고 있는 돼지를 자기 식구로 생각하고, 돼지들과 잠자리를 같이 하고, 돼지들과 말을 주고 받고, 돼지들이 다치면 마음 아파하고, 가족의 식탁에서 음식을 추려서 먹이기도 한다. 그와 동시에 제사가 있으면 돼지를 바치기도 하고, 특별한 명절에는 돼지를 잡아먹는다. 즉, 그러한 의식이나 음식을 통해 돼지의 살과 조상의 살을 결합시키고, 돼지의 살과 그 주인의 살을 결합시킨다고 생각하는 것이다.

또한 이곳의 환경이 돼지가 살기에 아주 좋기 때문에 그대로 두면 인간의 주거지까지 파고들 수 있다. 게다가 돼지를 키우는 데 일손을 많이 쓰게 되면, 다른 농사나 부족 방어가 어려워지게 된다. 그래서 이들은 적당한 돼지의 수를 유지하면서도 때때로 축제를 벌여 대규모로 돼지를 잡아먹고 있는 것이다.

(2) 돼지 혐오

이슬람교도와 유대교도는 사이가 매우 좋지 않지만, 공통적으로 돼지를 혐오한다는 점에서는 일치한다. 그들의 경전인 코란과 성경에서도 각각 돼지를 금기시하며 먹지 못하도록 하고 있다. 과연 그 이유는 무엇일까?

유목을 주로 하는 중동지역에서는 돼지가 재산의 가치가 있기보다는 오히려 인간의 생활을 위협하는 존재가 된다. 왜냐하면 목축업을 하는 지역은 대체로 비가 적고 물을 끌어 들이기도 어려우며 숲도 없고 평원이나 언덕이 많다. 그런데 돼지는 원래 숲지대와 그늘진 강둑에서 잘 사는 동물이다. 잡식동물이기는 하지만 주식은 나무열매, 과일, 식물뿌리, 곡식 등이다. 즉, 풀만 먹고는 살 수 없는 것이다. 따라서 유목민들 치고 돼지를 많이 기르는 사람들은 지구상 어디에도 없다.

돼지가 가지고 있는 더 큰 약점은 소나 양처럼 먹을 수 있는 젖이 없는데다가 몸집에 비해 다리가 짧아 먼 거리를 끌고 다니기가 힘들다는 점이다. 또한, 습기를 좋아하는 돼지는 건조한 지방에서는 물이 없으면 자신의 배설물로라도 피부를 습하게 하려고 한다. 특히 기온이 섭씨 29도를 넘게 되면 돼지는 아무데서나 배설을 하게 되고 그 위에서 뒹굴기도 한다. 이 경우에 매우 불결해질 수 있고 사람들의 위생 상태에도 문제를 일으킬 수 있는 것이다. 이처럼 유목민들에게 있어서 돼지는 공동체 생활을 위협할 수 있는 동물로 인식되어 혐오의 대상이 되고 말았다.

(마빈, 해리스, 문화의 수수께끼 중에서)

2 식사방법

1) 식사방법 개요

인간의 삶 속에서 가장 밀접한 행태는 생존을 위한 음식 섭취이다. 그 섭취하는 기본 움직임이 정교한 손짓 사용에 의한다고 볼 때 한국인의 음식문화는 손짓 훈련에 적합하다고 볼 수 있다.

우리의 음식문화 속에서 손짓의 타이밍, 집중력, 손의 전근육 사용 등이 수반되는 행위가 나타나며 이들은 일본이나 중국의 그것과는 확연한 차이가 있다. 베트남인, 일본인, 한국인을 비롯한 그 밖의 동양 사람들도 젓가락을 사용하는데, 그 이유는 주로 중국 문화의 영향을 받았기 때문으로 알려지고 있다.

우리의 음식문화는 서양과 근본적으로 개념이 다르다. 서양은 음식을 덩어리째 조리하여 그 자리에서 자기 몫을 포크나 나이프를 사용하여 먹는다. 그러나 우리는 조리할 때 이미 먹기 좋은 상태로 만들어 방으로 이동하여 음식을 먹는데 이때 숟가락과 젓가락을 사용하게 된다. 심한 경우 콩자반 같은 아주 작은 음식들도 젓가락으로 집어 먹게 되고 조금 크다 싶으면 젓가락을 사용하여 찢거나 뭉쳐 먹는다.

읽어보기 한국라면 역사 : 20세기 최대의 발명품

중국에서 시초로 만들어졌고, 일본에서 인스턴트와 컵으로, 한국에서 사발면으로 발전된 대표적인 발명식품 중 하나.

라면(일본어: ラーメン 문화어: 꼬부랑국수)은 기름에 미리 튀긴 국수를 스프와 함께 끓는 물에 넣어서 요리하는 국수 식품이다. 현재의 라면은 제2차 세계대전이 끝난 뒤 일본에서 대만계 일본인인 안도 모모후쿠가 발명하였다고 한다. 당시 미군 구호품으로 밀가루가 많이 있었기 때문에 이를 이용한 새로운 식품을 고안하게 되었다.

1963년 9월 15일, 삼양라면이 일본의 묘조식품(明星食品 みょうじょうしょくひん 묘죠쇼쿠힌)으로부터 라면기술을 도입하여 처음으로 라면을 만들어 팔기 시작했다. 당시 가격은 10원이었다. 처음에는 생소하여 판매가 부진했지만, 무료시식회에서 그 맛을 인정받으며 곧 서민들의 음식으로 각광받게 되었다. 당시 정부의 혼・분식 장려정책으로 라면이 널리 보급되도록 했다. 1960년대 정부는 쌀부족 문제 해결을 위해 혼식(잡곡밥)과 분식(밀가루 음식)을 강제하는 정책을 실시했는데, 덕븐에 라면은 많이 팔릴 수밖에 없었다.

출처 : 연합뉴스 월간 마이더스

2) 문화간 식사방법

(1) 문화간 차이

음식을 먹는 방법에 따라 문화는 저식문화권 수식문화권, 및 나이프・포크 문화권으로 나뉜다.

〈표 6-7〉 문화와 음식 먹는 방법

저식문화권	- 중국문명 중 화식(火食)에서 발생 - 중국과 한국은 수저와 함께 사용 - 일본은 젓가락만 사용	한국, 일본, 중국, 대만, 베트남	30%
수식문화권	- 이슬람권 및 힌두교권에서는 손으로 음식을 먹음	중동, 인도, 동남아시아, 서아시아, 아프리카	40%
나이프・포크 문화권	- 17세기 프랑스 궁정요리 중에서 확립 - 빵은 손으로 먹음	유럽, 러시아, 북아메리카, 남아메리카	30%

읽어보기 비즈니스와 식사

무역거래에서 거래처를 발굴할 때 현지 거래처를 방문하거나 외국 거래처가 자사를 방문하는 경우 식사를 하는 경우가 있는데, 이때 조심할 것은 현지 식사 문화를 이해하는 것이 필요하다. 예를 들면, 한식당에서 외국인이 신발을 신고 들어온다든지, 이슬람과 식사에서 왼손으로 포크를 잡고 먹는다든지 이슬람인이 손으로 식사를 하는 모습은 타 문화인에게는 혐오감을 줄 수 있다.

신발신고 앉는다면?

아랍인과 식사한다면?

아시아, 서구인과 식사한다면?

음식문화도 상거래문화의 중요한 일부이다. 이슬람 국가에서는 돼지고기를 먹지 않는다. 유럽에서는 반찬을 같이 먹는 대신 자기 접시 위에 담긴 음식만 먹는다는 것이 우리와 다르다.

(2) 한 · 중 · 일 젓가락 문화간 차이

한중일 젓가락은 생김새도 다르다.

한국 사람들은 숟가락으로 밥을 먹고 젓가락은 보조수단으로 썼기 때문에 젓가락의 길이나 굵기가 중간 정도라고 볼 수 있다.

중국 젓가락이 삼국 중 제일 길고, 굵다. 이는 음식보존을 위해 튀김 요리나 볶음 요리가 발달되어 있기 때문이다. 식사문화도 함께 식사할 때는 테이블 중앙에 공통 요리를 놓고, 각자 덜어 먹기 때문에 젓가락이 길어야 편리하다. 그래서 상대적으로 한국, 일본에 비해 굵은 편이다.

일본 젓가락은 식사반경이 작기 때문에 상대적으로 짧고, 가는 편이다. 그 이유는 일본사람들은 옛날에 쌀이 귀해 잘 부스러지는 잡곡밥을 많이 먹었는데 밥을 흘리지 않고 먹기 위해서는 왼손에 밥그릇을 들고, 젓가락으로 밥을 긁어먹을 수밖에 없었다는 것이다.

젓가락을 테이블 위에 놓는 방식과 젓가락 사용 매너도 많이 다르다. 우선, 한국과 중국은 젓가락을 테이블 위에 종(從)으로 놓는데 반해, 일본은 손잡이 부분이 오른쪽에 오도록 횡(横)으로 놓고, 소위 "하시오끼"(箸置き)라는 젓가락 받침대위에 올려놓는다. 젓가락 모양도 토쿄를 중심으로 한 관동지방은 나무젓가락(보통은 대나무, 노송나무, 버드나무를 사용)이나, 플라스틱 젓가락을 한쪽만 뾰족하게 만들어 쓰지만, 쿄토지역에서는 젓가락 양쪽 끝을 다 깍은 "리큐바시"(利休箸)라는 것을 쓴다.

젓가락을 그렇게 만든 것은 한쪽 끝은 자신이 먹을 때 사용하고, 다른 한쪽 끝은 공통음식을 자기 앞 접시로 덜어 옮길 때 사용하라는 것이다. 그렇기 때문에 음식을 덜어 옮길 때 사용했던 부분을 무심코 입속으로 넣으면 안 될 일이다. 만일, 일본 사람들이 젓가락 양쪽 끝을 구분 없이 쓰는 것을 본다면 그들은 말은 하지 않지만 상대방이 매우 비위생적이고, 예의가 없는 사람이라고 흉을 볼 것이다.

읽어보기 **한중일 젓가락 차이**

한국 사람들은 숟가락으로 밥을 먹고 젓가락은 보조수단으로 썼기 때문에 젓가락의 길이나 굵기가 중간 정도라고 볼 수 있다.

중국 젓가락이 삼국 중 제일 길고, 굵다. 이는 음식보존을 위해 튀김 요리나 볶음 요리가 발달되어 있기 때문이다.

일본 젓가락은 식사반경이 작기 때문에 상대적으로 짧고, 가는 편이다.

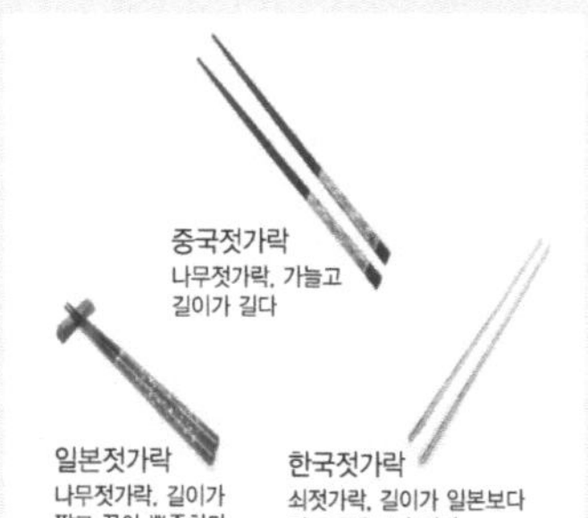

3 술문화

1) 동서양 술문화

술문화에 있어서도 동서양 간에는 몇 가지 차이점들이 있다. 우선 가장 뚜렷한 차이점은 안주이다. 안주는 두말할 것도 없이 술자리의 필수적인 존재이다. 한국, 중국 및 일본 사회에서는 안주 없이 술을 마신다는 것은 심한 알코올 중독자나 또는 최악의 심리적 상태에 있는 사람으로 오해받기 십상이다. 그런데 서양 술집에 가게 되면 개인이나 단체에 관계없이 대부분 특별한 안주 없이 술만 마시는 풍경을 종종 목격한다. 이런 모습을 보게 되면 어쩔 수 없이 동서양의 정서 차이를 느끼게 된다.

대부분 서양 술집에서는 통상 한 잔씩 주문하고, 술을 주문할 때마다 미리 돈을 지불하는데, 이는 아마도 더치페이 관습과도 어느 정도 연관이 있는 것으로 보인다. 주법에 있어서도 동양은 술집에서 앉아서 먹는 반면에 서양은 서서 술을 마시는 사람들을 더러 보게 된다.

2) 한국, 중국 및 미국의 술 문화

(1) 한국

한국의 술 문화의 가장 큰 특징은 모두 한자리에 앉아 같은 속도로 같은 술을 마시는 점이다. "원샷", "거국적으로 한잔 하자", "위하여! 위하여! 위하여! 위하여!" 등으로 잘 대표되는 문화이다. 그러다보니 폭탄주 문화도 자연스럽게 발전하는 것 같고, 테이블에 앉은 사람들이 다 같이 폭탄주 한잔하며 하나가 되는 기분을 느끼게 된다.

또한 술은 반드시 다른 사람이 따라주는 문화가 있어서 자기 술을 혼자 따르거나 앞사람의 빈 잔을 방치하는 경우는 없다. 이는 다같이 함께 하며 정을 나누는 한국 문화의 영향 때문이다.

(2) 중국

중국에서는 손님이 괴롭게 배부르게 만드는 것이 예의이고 또 손님은 배불리 먹고 음식을 남겨두는 것이 예의라고 한다. 그래서 중국 출장 중에 파트너들과 함께 먹는 점심과 저녁은 정말 배부르게 먹는다. 술도 비슷해서 손님이 술에 잔뜩 취하는 것이 좋은 일이라고 한다.

그래서 중국 파트너들과 저녁 식사를 가면 보통 70도짜리 바이주(白酒)를 마신다. 중국에서는 한국과 유사하게 1 대 1로 술을 권하는 문화가 있다. 하지만 한국과 조금 다르게 술을 권하는 사람이 자리에서 일어나서 술을 권하고 싶은 사람에게 가서 각자의 잔으로 원샷을 한다. 이런 중국의 문화는 꽌시[關系]라고 표현되는 관계를 무척 중요하게 생각하는 중국 문화의 영향 때문이다.

(3) 미국

미국의 술 문화는 많이 다르다. 미국에서는 개인이 알아서 자기가 마시고 싶은 술을 자기 속도대로 마시는 문화가 강하다. 그래서 저녁 식사 자리를 가면 각자 자신이 마시고 싶은 술을 각자 주문하고 더 마시고 싶으면 알아서 자기 술을 더 시킨다. 이는 단체보다는 개인이 중요한 서양 문화의 영향 때문이다. 그리고 파티장에서는 정해진 테이블 없이 돌아다니며 여러 사람들과 다양하게 어울린다. 이는 처음 미국 파티에 참석한 한국인들이 잘 적응하거나 어울리지 못하는 문화이기도 하다.

제4절 가치관

1 국가별 주요 가치관

미국사람의 효율에 대한 가치관은 시간관념에도 잘 나타난다. 최소한의 시간으로 최대한의 효과를 거두려고 하기 때문에 상담내용을 중시한다. 물론 협상가도 전문가를 파견하고 권한도 위임한다. 통계적인 숫자와 사실을 중시한다. 핀란드, 네덜란드, 스위스 사람들도 시간 대비 효율에 대한 집착은 비슷하다.

독일 사람들은 철저함과 정확함, 기한 준수를 중시한다. 독일 사람의 협상은 일직선과 같다. 한 단계가 끝나야 다음 단계로 넘어간다. 중남미 사람들이 합의가 이루어지지 않은 안건을 편하게 통과하는데 반해 독일 사람은 미진한 사항을 그대로 두고 넘어가지 못한다.

프랑스 사람은 논리를 좋아한다. 토론과 협상 내용 못지않게 분위기와 형식도 중요하다. 그래서 협상 장소, 복장, 발언모습, 매너가 중요하다. 일본사람 역시 형식을 중시하지만 프랑스 사람과는 그 성격이 다르다. 수직, 수평적 관계를 중시한다. 가장 중요한 것은 조화유지이다. 윗사람의 역할, 아랫사람의 역할이 정해져 있다. 조용한 합의 및 집단적 사고가 특징이다. 비공식적인 장외 협상을 통해 중요한 내용은 합의를 보려고 한다.

영국 사람이 중시하는 것은 '페어플레이' 의식이다. 의사결정에 있어 페어플레이가 중요한 잣대가 된다.

중남미 사람들은 개인적 인간관계를 중시한다. 명예, 서두르지 않음, 신뢰구축이 중요하다. 중남미 협상가들의 느긋한 여유는 일본사람들에겐 비교적 잘 맞지만 시간을 중시하는 미국이나 독일인에게는 불쾌감을 준다.

2 숫자에 대한 가치관

우리가 늘 사용하고 있는 숫자에도 문화별로 담겨져 있는 의미도 다르다. 개인뿐만 아니라 각 나라마다 행운의 숫자와 불행의 숫자도 있다.

우리나라는 전통적으로 숫자 3이 가장 좋은 숫자이었으나, 요즈음은 7이 행운의 숫자로 불려지고 있다. 숫자 3은 천(天), 지(地), 인(人)의 의미를 가지고 있는 우주의 섭리를 따르는 완전한 숫자로 여겼기 때문에 행운의 숫자로 여겼고, 7은 외국의 기독교 문화가 전파되어 행운의 숫자로 자리를 잡았다.

일본은 백제의 영향을 받아 3이 그리고 서구 문화의 영향으로 7이 행운의 숫자로 여겨지고 있다. 한국과 달리 중국에 영향을 받아 숫자 8 역시 좋은 숫자로 여겨지고 있다. 불행의 숫자는 4와 9인데, 4는 죽음을 의미하는 한자 사(죽을 死)와 발음이 같고, 9는 서구의 영향을 받아서 불행의 숫자로 여겨지고 있다. 4와 9가 합성된 숫자인 13(4+9=13)이라는 숫자는 일본에서 죽거나 고통에 결부되어 병원에서는 13을 사용하지 않는다.

중국의 경우 행운의 숫자는 6, 8과 9이고 불행의 숫자는 4이다. 8은 발전과 부를 의미하는 発(파, '바아-'로)와 발음이 비슷하여 가장 선호하는 행운의 숫자로 여긴다. 중국인은 8에 대한 집착이 매우 강해 건물을 짓거나 잔치를 할 때에는 8일날 하거나 숫자 8과 연관되어 있는 상품이나 차 번호판은 고가로 매매되기도 한다. 그리고 9는 최고 높은 숫자로 그 발음이 영원을 의미하는 발음과 같다. 그래서 옛날에는 황

제만이 사용할 수 있는 숫자이었다. 불행의 숫자 4는 사(死)와 발음이 같아 불길한 숫자로 여겨지고 있다.

미국은 행운의 숫자는 7이고, 불행의 숫자는 13과 6이다. 미국의 행운의 숫자 7은 기독교의 영향 때문이다. 예수가 세계를 만들어 낸 7일째를 신성한 날이라고 정한 것이 유래가 되었다. 13은 예수가 십자가에 걸려 죽은 날이 13일의 금요일이었기 때문이라는 설과 최후의 만찬 참석자가 13명이었다는 설도 있다. 그리고 짐승이나 사탄을 의미하는 6이라는 숫자도 불길한 숫자로 되어 있다.

이탈리아는 행운의 숫자는 13이고, 불행의 숫자는 17이다. 우리나라의 토토(축구 시합 결과 예상 내기)와 같은 토토칼쵸의 1등이 13=13경기를 모두 맞춘 것이라서 행운의 번호로 선호되고 있다고 한다. 불행한 숫자 17은 로마 숫자로 나타내면 XVII인데 이 조합을 라틴어로 표현하면 VIXI라는 단어로 만들 수 있는데, VIXI는 '삶을 다하다'라는 의미로 주로 묘비에 쓰였던 글자이기 때문이다. 그래서 이탈리아에서는 17일의 금요일은 불행이 찾아오는 날이라고 여겨지고 있다.

〈표 6-8〉 국가별 행운의 숫자와 불행의 숫자

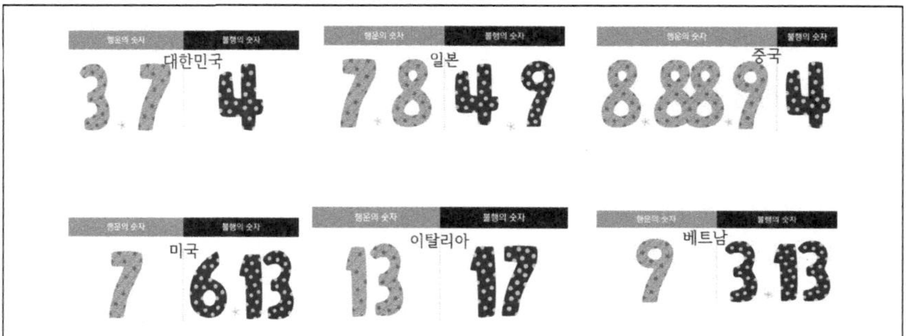

3 선물에 대한 가치관

비즈니스 목적으로 해외여행을 자주 하다 보면 종종 외국인들에게 선물할 기회가 있다. 선물도 문화적 차이가 있어 의도치 않게 상대방을 곤란하게 만들 수 있으므로 선택하는데 주의해야 한다. 나라별로 선물문화는 다음과 같다.

우리나라와 가까운 중국인들은 익히 알려진 대로 붉은 색을 무척 좋아한다. 그래서 선물 포장은 붉은색으로 하면 만사형통이지만 시계를 넣어선 안 된다. 중국의 선물문화는 해음문자와 관련이 있다. 시계는 중국 발음으로 죽음이란 단어와 유사한 소리를 내기에 선물로 주고받지 않기 때문이다. 한국에서 '장수'의 긍정적인 의미를 갖는 거북이는 발음이 욕설과 비슷해 선물하지 않는다. 우리나라의 결혼식에서 가끔 답례품으로 주는 우산도 중국에서는 금기 선물이다. 중국어의 '우산'은 '이별'이라는 말과 발음이 비슷하기 때문이다. 선물이나 현금은 짝수로 주어야 하고, 부의금은 홀수로 내며, 흰색, 검은색, 파란색이 많이 들어간 선물도 죽음과 관련 있기 때문에 금기 품목이다. 중국인은 선물을 권할 때는 선뜻 받지 않는다. 받기 전에는 세 번 정도 거절을 하는데, 권하는 것을 그만두어서는 안 되고 계속 받기를 권해야 한다.

일본에서 가벼운 선물은 서로의 관계를 부드럽게 하는 윤활유 역할을 하므로 방문할 때 반드시 선물을 준비해야 한다. 일본사람에게 김치, 김, 건어물 종류의 식품과 도자기제품을 선물로 주면 좋아한다. 일본에서 칼 선물은 관계 단절을 의미하기 때문에 피해야 한다. 하얀색 선물이나 포장지는 죽음을 의미하기 때문에 금물이고, 짝수를 이루는 것은 불길하다하여 선물로 주지 않는다.

말레이시아에서는 개를 부정한 것으로 여기기 때문에 장난감 강아지, 개 그림이 들어간 것은 금물이다. 말레이시아 이슬람교도들에게 돼지고기와 술, 돼지가죽으로 된 물건이나 알코올이 첨가된 향수 역시 안 된다. 선물보다 정성이 담긴 카드를 값지게 여기므로 카드를 선물과 함께 주는 것이 좋다. 상대방이 이슬람교인이라면 나침반을 선물하는 것이 좋은데, 이들은 메카를 향해 매일 다섯 번 예배를 해야 하기 때문이며, 선물은 오른손으로 주고받아야 한다.

힌두교인이 많은 인도에서는 소와 관련 있는 선물은 하지 않는 게 좋다. 또한 향이 좋다하여 쟈스민을 선물하는 것은 적합하지 않은데. 이는 장례식을 떠올릴 수 있기 때문이다.

이슬람의 선물문화는 선물을 줄때는 반드시 오른손으로 건네고 받아야 한다. 술이나 돼지고기와 관련된 선물은 해서는 안 되며 남자가 선물할 때는 상대방의 부인이나 여성가족을 위한 선물을 해서는 안 된다. 특히 선물을 줄 때에는 종교상 금기시되고 있는 사항을 꼼꼼하게 살핀 뒤 선물하는 것이 좋다.

서구의 선물문화를 보면 가족 간, 연인간의 선물은 일반화되어 있으나, 동료나 잘 모르는 사람끼리의 선물교환은 거의 하지 않는다. 서구의 경우도 홀수를 선호하지만 13의 숫자는 피하는 것이 좋고, 백합은 죽음의 꽃을 의미하기에 피하는 것이 좋다.

독일에서는 값비싼 선물은 뇌물로 취급하며 흰색, 검정색, 갈색의 포장지와 리본은 사용하지 않는다. 또한 독일인들은 포장한 꽃은 좋아하지 않아 독일인에게 꽃을 선물할 때는 우리나라에서처럼 근사하게 포장할 것이 아니라 그냥 꽃만을 주는 게 좋다.

프랑스에서는 빨간 장미는 구애의 뜻으로 연인 사이에만 주고받는 선물이고, 카네이션은 장례식장 꽃이기에 선물로 하는 것은 피해야 한다. 와인 선물은 우리나라에서 소주를 선물하는 것과 같기 때문에 좋은 선물이 되지 못하며, 프랑스인들은 향수에 대해 너무 잘 알고 있고 직접 만들어 사용할 정도로 전문가이기 때문에 향수선물은 환영 받지 못한다. 서양의 공통사항이지만 프랑스인들은 유달리 차나 공예품 등 동양의 전통적인 선물을 선호한다. 헝가리에서 붉은 장미는 연애감정을 나타내기 때문에 괜한 오해를 자초할 수 있다.

영국은 특별한 날 또는 의미 있는 날이 아닐 때에는 선물을 피해야 하는데 이는 상대방의 이유 없는 호의나 지나친 친절을 싫어하기 때문이다. 네덜란드에서는 부피가 커다란 선물을 싫어하며, 이탈리아에서는 브로치나 손수건은 장례식 때 착용하는 물건이기 때문에 불길한 의미를 지니므로 선물로 적합하지 않다. 폴란드는 꽃을 좋아하므로 초대할 경우 꽃을 선물하는 것이 필수이며, 술을 선물로 가져갈 때는 상대가 어떤 술을 좋아하는지 사전에 물어보는 것이 예의이다. 러시아에서는 선물을 무척 좋아해서 금기시하는 물건이 거의 없는데, 짝수의 선물은 부정적인 의미가 있어 피해야 한다.

브라질의 경우 검정색과 자주색을 불길하다고 여긴다.

읽어보기 **중국인에게 잘못된 선물 사례**

사례 1

2004년 우리나라 지방에 있는 한 축구단은 중국 상하이에서 온 팀과 경기를 펼쳤다. 친선경기가 잘 끝나고 그 어느 때보다 화기애애한 분위기 속에서 '뒤풀이'가 이어졌다. 상하이 축구팀의 마케팅 담당자에게 한국의 축구단 관계자는 우애의 표시로 구단의 로고가 새겨진 멋진 초록색 모자를 선물했다. 한국 프로 축구팀의 역동적인 모습과 뛰어난 축구 실력에 '원더풀'을 연발하던 그는 초록색 모자를 건네받는 순간 얼굴이 굳어졌다. 함께 모자를 받은 중국인 심판들도 불쾌한 표정을 짓기는 마찬가지였다.

사례 2

중국 현지에서 사업을 하는 한국인 A씨는 수년 전 거래처 중국인의 결혼식에 초대를 받고 거금을 투자해서 멋진 괘종시계를 선물했다가 큰 낭패를 봤다. 신혼집에 어울릴 것이라 생각했고 한국에서는 결혼 예물로 손목시계가 오가기 때문에 전혀 문제가 없을 것이라 예상했지만 선물 이후 비즈니스 관계가 거의 끝날 뻔했다. 겨우겨우 문화적 차이를 설명하고 양해를 구하고 나서야 회복할 수 있었다.

4 색상에 대한 가치관

중국 사람들이 제일 좋아하는 색은 빨간색이고, 두 번째로 좋아하는 색은 노란색이다. 빨간색은 부, 행복, 행운, 운수, 번영을 의미하고, 노란색은 왕을 상징하기도 하고 금(돈)을 의미한다. 하얀색은 장례식 색(喪色)으로 터부시하고, 청색과 흑색은 먼 친척의 장례식 색으로 인식하여 불행을 뜻하는 색이다. 중국시장에 진출하려면 선물이나 디자인에 청색이나 청색+흑색조합의 색은 절대 쓰면 안 된다. 개(Dog)도 중국 사람들에게는 불길한 징조로 여긴다.

일본의 국기는 태양의 제국(흰 바탕에 붉은색 원)을 표현하고 있다. 일본과 세계 많은 국가들은 빨간색을 선호하는데 이는 태양을 주신으로 숭배하기 때문이다. 일본 축구대표팀의 유니폼 색상이 파란색이다. 사방이 바다인 섬나라 일본의 환경적 특성상 파란색은 친근한 색이다.

이슬람 문화권에서는 녹색을 선호하는데 이는 낙원을 의미한다. 척박한 사막지역에서의 유일한 생존 및 안식처 역할을 하는 오아시스가 녹색지대로 이루어져 있으며, 이슬람 경전에 녹색 옷을 입도록 하여 녹색을 선호한다.

말레이시아의 경우, 노란색은 군주의 색이라 일반 국민은 물론 현지 거주 중국인들도 회피하고 있다. 이슬람문화권인 말레이시아, 인도네시아 등과 서아시아 대부분의 나라는 이슬람 색인 녹색을 선호한다.

동남아시아의 불교 국가들 태국, 미얀마, 캄보디아, 라오스 등은 노란색을 선호하는데, 이는 불교사찰에 가면 금색 불상과 빨간 법의를 볼 수 있는 것과 관련이 있다.

〈표 6-9〉 국가별 선호하는 색과 혐오하는 색

국 가	선호색상	기피색상	비 고
일본	흰색, 청색, 초록색, 금색, 적색 등 옅은 색상	흑색, 자색, 회색, 은색, 암탁색 계통 색상	백색, 청결, 금욕, 순진무구, 정통 상징, 축소지향의 문화영향으로 경박단소(輕薄短小)한 디자인을 선호하며, 국기무늬인 원형을 좋아하는데, 그것은 원만하게 살아가는 삶을 의미한다.
중국	적색, 황색	자색, 흰색	적색 : 길조, 혁명, 진보 상징 복무늬 : 복을 상징 일장기 : 일본의 침략 상기
미국	적색, 황색, 청색, 연두색. 흰색, 회색, 베이지, 핑크 등	흑색, 갈색	청색 : 진실, 번영 상징 갈색 : 게으름의 상징 별, 선 : 성조기 무늬, 애국적인 이미지 사각형 : 소유욕을 상징 육각형 : 고대 유대교 상징
베트남	적색, 황색, 흰색, 옅은 하늘색	흑색	황색 : 고귀함 상징, 현란한 무늬는 촌스럽다고 여김
싱가포르	적색, 황색	흑색, 회색	황색 : 번영, 재물 상징 유선 : 부드러운 느낌 사각형 : 딱딱하고 차가운 느낌
인도	청색, 오렌지, 핑크, 흰색	흑색	열대기후로 밝고 부드러운 색 선호 별 : 밝음 희망 성공 상징 원 : 우주, 공존, 일체감 상징 × : 취소, 낙제, 증오 상징

말레이시아	녹색, 황색, 흰색, 적색		황색 : 왕족, 부귀 상징 자연적인 이미지를 좋아해 꽃을 선호
인도네시아	청색, 적색	흑색	말이 힘을 상징함
영국	빨강, 노랑, 적색	검정색, 갈색	빨강 : 태양상징 노랑 : 밝고 낙관적인 색상 인식 갈색 : 더럽고 구식인 색으로 인식 체크 무늬 : 부유함과 여유 상징
이탈리아	청색, 진회색, 연한 파스텔 색상	원색 계통	남과 다른 자신만의 개성을 중시함
사우디 아라비아	적색, 금색		밝고 화려한 디자인

5 시간에 대한 가치관

중국이나 동남아, 중남미, 아랍권의 나라들에는 낙천적인 국민성에 시간관념이 좀 희박한 상태를 드러내는 말들이 많다. 예를 들면 중국의 '차뿌뚜어(差不多: 큰 차이 없고)', '메이관시(관계없어)', 태국의 '마이펜라이(문제없어)', 중남미의 '마냐나(Manana:내일)' 그리고 아랍권의 '인샬라(insha' Allah:신의 뜻대로)' 등과 같은 말이다. 국민의 삶 전체가 환경과 종교에 대해 귀속적인 나라에서 볼 수 있는 문화적인 특징이다. 우리나라는 'korean time'이라는 것이 있어 약속시간에서 '15분' 정도 늦는 관행이 있다.

각각의 문화마다 '기다릴 수 있는 인내의 한계'가 전부 다르기 때문에 상대방에 대한 무한한 존중과 이해는 특히 비즈니스 사회에서 통용될 수 없다. 시간을 철저히 지키는 일은 단순히 비즈니스에서만 중요한 것이 아니라 일반적인 약속에까지 확대되며, 이런 약속 엄수의 파이가 얼마나 큰가가 그 나라, 사회, 조직의 정신문화적 수준을 말해준다.

독일인들은 약속한 시간에서 1분도 더 기다리지 않기로 유명하며, 스위스나 노르웨이 사람들 역시 시간에 철저하다. 물론 직장에서의 퇴근 시간도 정확하다. 가까운 일본도 시간을 잘 지키기로 손에 꼽히지만 퇴근시간은 잘 지키지 않는 사람이 많다.

〈표 6-10〉 시간개념이 강한 문화권과 약한 문화권

시간개념이 강한 문화권	시간개념이 약한 문화권
→ 독일, 스위스, 영국 등 북유럽, 캐나다, 미국, 일본 → 지역별 표준시간의 구분 등으로 복잡한 시간 체계로 인해 시간에 대한 강박관념이 강한 성향 → 기후조건이 열악하거나 계절의 구분이 명확한 경우가 많음 → 계획에 따라 시간분배, 한번에 한가지 일만 처리 → 약속을 지키지 않는 것은 타인의 시간을 강탈하는 행위로 간주 → 시간을 아끼는 것은 경제효율성을 높이는 것으로 인식 → 급행증후군, 여유없는 생활로 이어질 가능성 → 각종 전자제품이나 컴퓨터 등의 속도 기능이 강화됨	→ 스페인, 포르투갈 등 서유럽/남유럽 일부국가, 필리핀 동남아, 중남미, 중동, 아프리카 → 시간분배에 무관심, 한번에 여러 가지 일을 동시에 처리 → 과거지향성 문화권 → 단일표준시간대의 국가가 많으며 계절의 구분이 명확하지 않거나 기후여건이 농작물 생육에 비교적 유리한 경우가 많음 → 시간보다 인간관계가 더 중요 (그 사람을 처음 만난 날 등) → 시간보다는 사안이나 사건위주로 기억 (내가 결혼하던 날, 내가 젊었을 때 등) → 시간은 서로 필요와 목적에 따라 달라질 수 있음 ex) 좌석이 다 차야 버스가 출발, 해가 질 무렵에 만남 등

근무시간에 대한 차이도 문화 간에 나타난다. 이탈리아에서는 대도시가 아닌 곳에서는 낮 시간(오후 3~6시 정도)임에도 레스토랑을 잠시

닫아두는 곳이 많다. 점심식사 시간을 놓치면 저녁 시간까지 꽤 오래 기다려야 한다. 그리스나 스페인에서도 오후 2~5시에 낮잠자는 습관을 가지고 있다. 이를 '시에스타(Siesta)'라 하여 관청이나 상가도 문을 닫는다. 남미 파라과이의 경우 고온 다습한 기후 때문에 관공서나 은행은 오전 7시~낮 12시 30분에만 근무를 하고 상가지역도 낮 12시~오후 3시까지의 점심시간은 문을 닫는 곳이 많다.

사우디아라비아, 쿠웨이트, 이란, 요르단 등 이슬람 국가는 휴일이 우리와 다르다. 주로 금요일이 휴일이며 목·금요일을 쉬는 국가도 많다. 하지만 터키는 일요일이 정식 휴일이다. 특히 이슬람을 국교로 하는 나라에서는 이슬람 태음력(우리의 음력과는 다름)으로 9번째 달을 '라마단'이라 부르는데 이 기간 중 일출에서 일몰까지 단식을 한다.

6 공간에 대한 가치관

개인 간 접촉 시 공간은 개인의 프라이버시를 지켜주는 것과 관련되어 있다. 한국, 중국 및 일본인은 신체접촉을 좋아하지 않기 때문에 처음 만났을 때 간단한 악수 목례 등의 방식으로 인사한다. 자신의 두 손을 맞잡아 흔드는 것으로 반가움을 대신한다. 특히 중국 사람들은 자기만의 공간을 지키려 한다. 일단 그 공간 안으로 들어가면 둘도 없는 친구가 된다.

일본에서는 일반적으로 부모자식, 형제자매, 친구들끼리도 껴안거나 손을 잡거나 하는 일이 드물다. 일본 사람들은 아무리 친한 관계라도 악수와 같은 신체 접촉은 하지 않고 말로만 인사를 교환한다. 여성이 팔짱을 끼고 가면 동성애자로 오해 받기도 한다. 이런 일본인이 악수를 하는 특별한 경우가 있는데 바로 외국인이 악수를 청했을 때와 연예인이나 스포츠 선수 등 팬과의 관계일 경우 주로 악수한다고 한다. 일본은 특히 시선접촉도 신체접촉의 일부분처럼 꺼린다. 주로 지하철에서 책이나 만화 등을 읽는 사람이 많은 이유가 맞은편에 앉아있는 사람과 시선을 마주치지 않기 위해서라고 한다.

미국, 영국, 프랑스 등 서양 사람들은 몸에서 약 50㎝ 둘레 안쪽을 '개인공간'으로 생각한다. 이 개인공간을 침범하는 일은 매우 무례한 일이다. 우리나라 사람들에게는 '옷깃만 스쳐도 인연'이라는 말이 있듯이 누군가가 곁에 있다고 해도 크게 부담스러워하지 않는다.

한편 인도는 세계 2위의 인구 대국이어서인지 사적, 공적 개념이 희박하다. 공공장소에서의 타인과의 신체적인 접촉은 일상적으로 받아들인다. 그러나 상대방과 신체접촉을 해가며 진행되는 우리 식의 비즈니스 대화법에는 익숙하지 않아 주의해야 한다.

〈표 6-11〉 거리에 따른 문화차이

친밀도	대화상의 거리
밀접한 거리 (intimate distance)	보통 신체적 접촉을 동반하는 경우가 많다. 거리는 약 18인치 이하이다.
사적 거리 (private distance)	가족이나 친한 친구 사이의 거리를 말하며 1.5 내지 4피트이다.
사회적 거리 (social distance)	직장이나 기타 사회집단 등 사회의 공식적 및 비공식적 관계에 있어서 사람들 사이의 거리로 12 내지 25피트이다.
공식 거리 (public distance)	이 거리에서의 커뮤니케이션은 대부분 큰 목소리와 제스쳐에 의해 이루어진다.

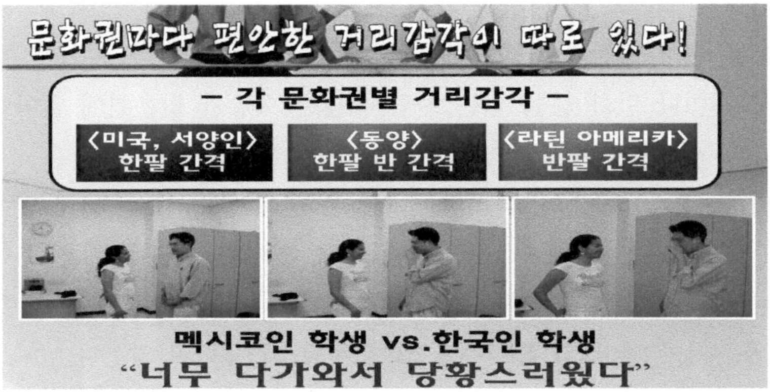

제5절 에티켓

1 매너와 에티켓 개념

글로벌 비즈니스 매너는 출장이 잦거나 국내에서 외국인과 업무를 하는 사람뿐만 아니라, 국내 위주의 업무를 보는 사람 모두에게 필요하다. 글로벌 비즈니스 매너는 하루아침에 이루어지는 것이 아니기에 언제, 어느 때 글로벌 비즈니스를 할지 모르는 직장인에게 글로벌 비즈니스 매너는 평소에 몸에 익혀 놓아야 할 기본 중의 기본이다.

'매너(Manners)'와 '에티켓(Etiquette)'은 어원부터 다른 개념이다. 매너는 'manarius'라는 라틴어에서 유래한 단어이다. 사람의 행동과 습관을 의미하는 단어 'manus'와 방법과 방식을 뜻하는 'arius'의 합성어인 'manarius'는 사람과의 관계에 더 치중된 개념이어서 매너는 '좋다'

와 '나쁘다'로 구분된다.

에티켓은 'estiquier'라는 프랑스어에서 그 유래를 찾을 수 있다. 루이 14세가 집권하던 17세기, 궁중 법도와 규칙이 까다롭던 시절, 성에 출입하는 모든 사람은 그 법도와 규칙을 지켜야 했고, 이 법도를 성 안뜰 벽에 붙여 놓던 것에서 기인하였기 때문에 에티켓은 '있다'와 '없다'로 구분할 수 있다.

매너(Manner)

라틴어 Manuarius 유래
['manus' ; 영어의 손(hand)을 뜻(사람의 손이라는 의미 외에 사람의 행동, 습관 등의 뜻을 내포]. 'arius'는 'more at manual', 'more by the manual'로서 방법, 방식의 의미

- 행동하는 방식이나 자세, 태도, 버릇, 몸가짐으로 순화
- 배려하는 마음을 행동으로 표현

주관적 행동 양식

VS

에티켓(Etiqette)

프랑스어 Estiquier에서 유래
17세기 프랑스 루이 14세 시대의 베르사유 궁전은 귀족들만 출입할 수 있는 출입증-에티켓(베르사유 궁전의 정원사가 궁전의 정원을 보호하기 위해 '푯말'을 설치)

- 예의 범절을 이르는 말
- 기본적으로 지켜야 할 예의 규범

객관적, 기본적

매너(Manner)	에티켓(Etiqette)
에티켓의 적절한 사용, 사람마다 가지는 습관 또는 몸가짐	인간관계를 원활하게 하기 위한 규범으로 타인에 대한 마음의 형식화
'좋다, 나쁘다'의 질적인 평가	'있다, 없다'의 유무로 평가 **"Do's(해야 하는 것)'와 Dont's (해서는 안되는 것)"를 구분하는 것**
방식(way)	형식(form)
예 : 경우와 상황에 따라 인사하는 방법 (아침, 점심, 저녁 인사와 각도의 차이)	예 : 사람을 만나면 인사를 해야 한다.

[그림 6-4] 매너와 에티켓 차이

읽어보기 화장실 매너와 에티켓

볼일을 보기 위해 화장실에 들어가면 어떻게 하시나요? 에티켓이 있는 사람이라면 먼저 노크할 것이다. 매너가 좋은 사람이라면 안에 있는 사람이 놀라지 않도록 똑똑~ 가볍게 문을 두드릴 것이다. 일종의 무언의 법칙 같은 에티켓은 안 지켜질 경우, 난감한 상황이 발생한다. 반면, 매너가 잘 지켜지면 훈훈한 상황이 연출되는데, 매너는 항상 상대방에게 초점이 맞추어진다.

2 국가별 에티켓

1) 중국

중국의 사무실 풍경에서 종종 볼 수 있는 풍경이 있다. 부하사원이 상급자의 어깨를 잡는다거나, 상급자가 이야기하는데 하품을 하거나, 벽에 기대어 선다거나, 사장이 자기 옆을 스쳐도 인사를 하지 않는다거나 하는 행동을 자주 볼 수 있다. 우리나라에 남아 있는 유교문화의 상식으로는 이해가 가지 않는 행동이지만, 중국인들의 평등의식에서 나온 친밀한 행동이다.

또한 비즈니스 업무로 인하여 중국을 방문하였을 경우 반드시 방문 일정을 미리 예약하는 것이 중요하다. 중국인들은 말하기를 좋아하며 상담 중이나 식사 중에 담배를 수시로 권하는데 이는 친밀감을 나타내는 행위이다.

중국인과 사업차 미팅을 할 경우 미팅에 정해진 사람 외에 여러 사람이 올 수 있으므로 명함 등은 충분히 준비하는 것이 좋다. 명함을 받았을 때 바로 지갑에 넣어 그것을 옷 주머니나 가방에 넣으면 자신을 낮추어 보았다고 생각하기 때문에 주의하여야 한다.

중국은 숫자에 민감하고 많은 의미를 부여하는데, 짝수는 길하고,

홀수는 흉하다고 여겨 축의금을 낼 때는 짝수로 주며 부의금을 홀수로 내야 한다.

일상생활을 강하게 지배하는 중국인들의 문화적 정서와 관념을 잘 알아두면 선물을 할 때 예의에 어긋나지 않게 할 수 있는데, 차 문화가 발달하여 차 선물을 좋아하며, 술을 좋아하므로 각 나라의 전통주를 선물하는 것은 좋은 방법이다. 중국인들은 손수건은 슬플 때 눈물을 닦는 것으로 생각하여 이별의 의미로 생각하기 때문에 손수건 선물은 피해야 하며, 괘종시계처럼 종이 달린 시계는 '끝낸다'라는 죽음의 의미가 있으므로 삼가야 한다.

2) 일본

일본은 예로부터 타인에 대한 세심한 배려를 소중한 문화적 가치로 인식해왔다. 일본인과 가까워지기 위해서는 깍듯한 예의와 배려하는 자세를 갖춰 친밀함을 유도해야 하며, 다른 사람에게 피해를 주는 것을 매우 싫어한다.

일본의 공공장소에서 지켜야 할 기본적인 에티켓 중에 중요한 것은 '흡연 에티켓'이다. 일본에서는 길거리 흡연의 폐해를 막기 위해 일부 거리는 보행 중 흡연을 금지하는 조례나 법으로 인하여 흡연할 경우 처벌대상으로 5만 엔 정도의 벌금을 물고 있다.

일본 운전자들은 보행자를 우선으로 하며 미숙한 운전자에 대한 양보와 배려가 크다. 상대방 운전사가 상향등을 깜빡거릴 때는 '경고'의 의미가 아닌 '양보'의 의미이므로 양보를 하는 것이 중요하다. 남에게 폐끼치는 것을 굉장히 싫어하는 일본인들은 더치페이가 몸에 습관화되어 있다. 생일파티에서 생일 당사자는 돈을 내지 않고 나머지 친구들이 더치페이로 그날의 경비를 조달하는 것이 예의이다.

일본은 쌍으로 이루어진 것은 행운을 가져다준다고 믿고 있어 선물을 할 때에는 세트로 된 것을 준비하는 것이 좋다. 또한, 건어물 종류를 좋아하기 때문에 가정집에 방문할 때는 김치나 김을 선물하는 것이 좋다. 일본인에게 선물할 때는 사소해도 좋으니 미리 준비하는 것이 좋은데, 집에 초대를 받았을 때는 꽃을 준비하되 홀수로 준비해야 하고 케이크나 과자, 사탕 등을 준비하는 것도 좋다.

물론 선물을 받을 때는 정중히 감사의 표현을 하는 것을 잊지 말아야 하며, 가까운 미래에 답례의 선물을 하는 것이 관계유지에 좋다. 한국과 마찬가지로 칼은 죽음을 상징하고 백합은 장례식에서 사용하는 꽃이므로 피해야 하며, 결혼하는 사람에게는 유리잔과 같이 깨지거나 부서지는 물건을 피해야 한다.

일본에서는 우리나라나 중국처럼 친한 사람끼리 음식을 집어주거나 하지 않는다. 일본에는 사람이 죽으면 대개 화장을 하는데 이때 남은 뼈를 젓가락으로 집어 항아리에 넣는 풍습이 있기 때문에, 다른 사람이 젓가락으로 음식을 집어 주는 것을 싫어한다. 그러므로 멀리 있는 그릇을 젓가락으로 끌어당기거나, 젓가락 대 젓가락으로 음식을 주고받는 것, 공동의 음식을 자신의 젓가락으로 집어 먹는 것은 절대 금물이다.

또한 식사할 때 국을 먹더라도 숟가락을 사용하지 않는다. 속에 있는 건더기는 젓가락을 사용하여 집어 먹고, 국물을 마실 때는 국그릇을 들고 입을 대고 마시는 것이 예의이다. 숟가락은 죽이나 국밥, 계란찜처럼 젓가락으로 집을 수 없는 요리나 오므라이스, 카레 등을 먹을 때만 사용한다. 국을 마실 때는 소리가 나도 상관없지만, 밥을 국에 말아 먹으면 안 되니 이 점 또한 주의하여야 한다.

일본은 술에 대해서 관대한 분위기이다. 한국과는 달리 술을 권할 때에는 한 손으로 따라도 되며, 상대편이 마신 만큼 잔에 술을 채워 놓아야 한다. 더 마시고 싶지 않다면 술잔을 그대로 두면 된다. 잔을 돌리는 일은 삼가며, 마실 때마다 건배를 하지 않아도 된다.

일본에는 사람이 죽으면 대개 화장을 하는데 이때 남은 뼈를 젓가락으로 집어 항아리에 넣는 풍습

3) 미국

미국인들은 자유분방하고 개인적인 성향이 강하지만, 기본적으로 상대를 배려하는 마음가짐과 태도를 중요시하고 있다. 사업차 혹은 일반 사회생활에서 종종 식사모임을 갖게 될 때 기본적인 테이블 매너를 익혀두어야 한다. 미국의 테이블에서 음식을 서빙할 때 좌측에서부터 음식을 놓기 시작하며, 음료수는 우측에서부터 놓기 시작한다. 수프를 먹을 때는 안에서 밖으로 떠먹고 최대한 소리를 내지 않고 먹도록 해야 하며, 포크만으로 음식을 잡기 힘들 때에는 작은 빵조각이나 나이프를 사용하여야 하고, 절대로 손가락을 써서 음식을 잡지 않도록 주의해야 한다.

또한 미국에서는 억지로 음식을 다 먹거나 모든 음식을 다 맛보아야 하는 규칙은 없어 조금 남기거나 어떤 특정 음식을 먹지 않았다고 해도 실례가 되지 않는다. 미국인들이 테이블 에티켓 중에서 가장 중요하게 여기는 것은 '소리'이다. 뜨거운 커피를 마시거나 물을 마실 때 소리 내지 말아야 하는데, 이는 '꿀꺽꿀꺽' 목으로 넘어가는 소리를 안내는 것을 예의라 생각하기 때문이다. 또한 맥주나 양주 등 주류를 마실 때 '캬~' 등의 소리를 내는 것은 괴상한 행동으로 여긴다.

미국인과 대화 중에 눈을 마주 보지 않거나 시선을 자꾸 회피하면 예의에 어긋난다. 대화 시 상대방의 눈을 바라보지 않으면 이야기에 흥미가 없다거나, 듣지 않고 있다는 것으로 이해하기 때문이다. 또한 미국인들은 대화 중에 침묵이 흐를 때 굉장히 어색해하며, 얼른 주제를 바꾸어 대화를 이어가려 하는 경향이 있다. 즉, 한국인들은 대화 중 침묵이 생길 경우 상대방이 그 주제에 대해서 더 깊게 생각하고 있다고 여겨 충분한 시간을 주는 데에 반해, 미국인들은 대화가 끊어졌다고 생각하고 바로 다른 주제로 이어가려 한다.

미국인들은 자신의 프라이버시에 대해서 굉장히 민감한 반응을 나타내 첫 대면을 할 때 나이가 몇인지, 종교가 무엇인지, 인종이 무엇인지 등등 개인적인 정보에 대해 묻는 것은 결례가 되므로 주의해야 한다. 또한 한국인은 나이의 순서대로 서열을 매기려는 습성이 있지만, 미국인은 나이 차이에 상관없이 동등하게 취급하므로 주의하여야 한다.

4) 인도네시아

인도네시아는 300여 종족으로 이루어진 다민족 국가로서 종족 의식이 강하고, 정치적 이해관계가 복잡한 나라이므로 이 나라의 정치, 종교, 종족 등에 대한 비판을 삼가야 한다. 인도네시아 국민의 87%가 이슬람 신자이므로 현지 이슬람의 관습에 위배되는 행동을 자제하는 것이 바람직하다. 노출이 심한 복장을 착용하거나, 과음하여 취한 모습을 보이거나, 돼지 모양의 선물은 하지 않는 것이 좋으며, 손가락으로 오라고 하거나, 머리를 건드리는 행위는 실례이다. 왼손으로 용변을 씻기 때문에 악수나 물건을 건넬 때 왼손을 사용하면 실례이다.

3 주요국 인사법

우리는 살아가면서 다른 사람을 만났을 때 가장 먼저 건네는 말이나 행동이 바로 인사이다. 인사는 전세계 공통의 언어이자 제스처로서, 인사 한 번의 짧은 시간 동안에 그 사람의 인격과 호감도의 정도가 판가름 나는 중요한 척도가 되기도 한다. 인사는 그 나라의 역사와 문화를 반영하여 오랜 역사를 가지는 만큼 전 세계 나라별로 인사말이나 행동이 다양하다.

〈표 6-12〉 국가별 인사법

미국	미국에서는 서로 마주 서서 손을 잡고 위 아래로 흔드는 인사법인 악수를 한다. 과거 서부 개척 시대에 미국에서는 낯선 사람을 만나면 우선 상대방을 의심하며 자신이 가진 총이나 칼 등에 먼저 손을 댔다고 한다. 그렇게 서서히 서로에게 다가가면서 얼굴과 몸을 살폈고, 서로 싸울 뜻이 없다는 것이 확인되면 무기에서 손을 떼고 오른손으로 악수를 했다. 악수는 서로를 해칠 뜻이 없다는 의미를 담고 있다.	 미국의 인사법
	[하와이] '알로하 알로하' - 서로를 끌어안고 양쪽 볼에 대며 인사한다 . [알라스카] '브덴니 음음' - 두 주먹을 코에 붙여 서로 끝을 비빈다.	
중국	중국에서는 포권(주먹을 쥔 손을 손바닥으로 감싸는 것)과 고개를 숙이면서 인사한다. 포권을 하는 이유는 상대방을 공격할 의사가 없음을 알리는 의미를 갖고 있다.	 

일본	일본에서는 양손을 모으고 여러 번 고개를 숙이면서 인사한다.	 
인도	인도의 경우 양손을 가지런하게 모아서 가슴 라인에 놓고 "나마스떼"라고 인사말을 한다. 격식이 있는 듯 하지만 손을 머리위에 올리는 행동은 꼭 하지 말아야 할 행동이다. 인도에서는 머리위에 손을 올리는 행동은 상대방을 모욕하는 행동이기 때문이다.	
태국	태국은 불교 문화의 영향을 받은 '와이'라는 인사법을 가지고 있다. 두 손을 모으고 팔과 팔꿈치를 몸에 붙인 합장 자세에서 상대방에게 고개를 숙이는데, 고개를 많이 숙일수록 공경의 의미가 크다고 한다. 윗사람이 아랫사람에게 인사할 때에는 양손을 합장하지만 고개는 숙이지 않는 반면, 아랫사람이 윗사람한테 인사할 때에는 양손의 높이를 코 앞까지 올리고 고개를 숙인다.	

7

문화와 비즈니스

1. 글로컬라이제이션과 문화
2. 한류와 비즈니스
3. 문화활용 비즈니스
4. 관점전환과 비즈니스

7 문화와 비즈니스

제1절 글로컬라이제이션과 문화

1 기업의 세계화 과정

1) 기업의 세계화 과정

한 국가에서 시작한 기업은 점차 해외시장의 비중을 확대해가는 학습과정을 통하여 점진적으로 국제화를 추진하게 된다. 초기에는 수출방식을 통하여 해외시장으로의 진출을 시작하다가, 그 후에 라이선싱 계약체결이나 해외에 판매지사 또는 자회사를 설립한 후 경험과 지식이 충분히 획득된 후 생산자회사를 설립, 글로벌 기업 대열에 진입하게 된다.

기업의 국제화과정 발전단계는 다음과 같다.

(1) 국내기업

기업활동 초기에는 국내시장만을 목표로 한 기업으로서 해외시장이 갖는 높은 위험과 경영능력 부족에 기인한다. 대기업보다 규모가 작은 중소기업일수록 자본과 경영능력 열세로 국내시장 지향적 사업을 전개한다.

(2) 수출기업

기업의 해외시장진출은 수출로부터 시작한다. 초기에는 해외사업경험과 자본투자가 크게 요구되지 않는 간접수출을 택하여 진출한 후 현지 대리점이나 도매유통업자와의 직접계약을 체결하여 판매하는 직접수출방식으로 전환한다. 중요한 해외시장에는 현지지사 또는 현지법인을 설치, 인력 파견으로 현지 시장과의 연락관계를 유지한다.

(3) 다국적기업

현지 시장에 대한 통제력을 높여 더 많은 수익을 올리기 위해 현지국에서 직접 생산·판매하는 생산자회사를 설립한다. 다국적 기업은 해외직접투자를 통해 해외에 생산거점을 마련하게 되는데, 자본만을 국제적으로 이동시키는 것이 아니라 인력, 기술, 서비스, 경영관리능력 등 토지를 제외한 모든 경영자원을 국제적으로 이동시키면서 국제적인 경영활동을 전개한다.

(4) 글로벌기업

1990년대부터 다국적기업의 해외투자전략은 지구규모의 기업경제시스템 구축 등 글로벌 기업으로 진화하였다. 글로벌 기업은 기업이 국가단위로 각기 다른 전략을 취하는 것에서 벗어나 전 세계 시장을 하나의 시장으로 보고 동일한 전략을 수행한다. 즉, 세계시장 전체를 하나의 자재 조달원, 생산기지, 판매시장으로 보고, 경영의 모든 활동을 지구상의 최적지에서 영위한다.

자료 : 서울스토리. http://www.seoulstory.org/search/view/1179,
전자신문, 2013. 5. 13

[그림 7-1] 1970년대 수출역군과 LG전자 중국현지법인 전경

2) 한국의 무역성장 과정

한국 무역은 여성들의 머리카락을 잘라 가발을 만들고, 사람의 오줌을 중풍치료제 유로키나제(1kg에 2,000달러 당시 고가품) 원료로 수출하여 1947년 무역액이 1억 달러 정도가 되었다.

한국은 1960년대부터 수출드라이브정책을 꾸준히 추진해 온 결과 1964년 수출 1억 달러, 1977년 수출 100억 달러를 돌파하였다.

1980~90년대에는 반도체, 자동차, 선박, 화학제품, 기계류 등의 중화학공업에 주력하면서 주요 수출 품목 다변화로, 무역규모가 1988년 1천억 달러, 2005년 5천억 달러로 높은 성장세를 이어갔다. 2000년대 초에는 IT산업의 부흥 속에 반도체가 우리 수출을 견인하기 시작하여 2011년 무역 규모가 1조 달러를 기록하였다. 2005년 5천억 달러에서 2배인 1조 달러까지 걸린 기간은 6년에 불과하다. 한국의 무역규모가 1천억 달러에서 1조 달러까지 걸린 시간은 23년인데 미국과 중국을 제외하고는 가장 빠르게 성장한 것이다.

무역 1조 달러를 달성한 우리나라의 현재 세계 일류상품은 조선, 디스플레이, 휴대폰, 자동차, 반도체, 석유화학제품 등으로 세계 최고의 기술력과 품질수준을 갖추고 있다. 2021년 무역액은 최초로 1조 2천억 달러를 기록하여 세계무역 순위로 8위로 상승하였고 2022년 무역액은 1조 4천억 달러를 기록하여 세계무역 순위 6위로 상승하였다

〈표 7-1〉 연도별 주요 수출품

	주요 수출품	
1960–1970년대	오줌, 섬유류	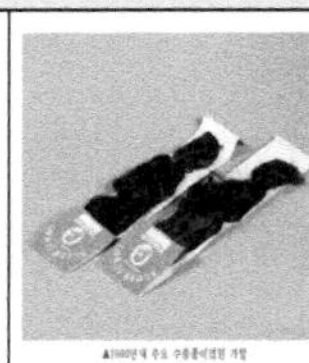 
1980년대	1980년대 초반 의류, 신발 1980년대 후반 선박, 음향기기, 자동차 등	 
1990년대	반도체, 영상기기, 컴퓨터, 자동차	 
2000년대	IT제품(반도체), 휴대폰, 문화콘텐츠(드라마, 음악 등)	 

■ 1조 달러는 어느 정도 규모?

높이 :
100달러 지폐로 쌓으면 무려 1,200km

- 강남구 삼성동 무역센터 트레이드타워(228m)의 5,260배
- 세계에서 가장 높은 산인 에베레스트산(8,848m)의 136배

4천 5백만 명에게 쏘나타
(대당 2만 2,000달러 기준)
한 대씩 공짜로 나눠줄 수 있는 금액

[그림 7-2] 1조달러 규모

3) 글로벌화와 현지화의 관계

글로벌화는 세계시장을 하나의 시장으로 간주하여 본사주도의 해외시장관리를 통해 표준화된 제품을 대량으로 생산하여 판매하려는 것을 말한다. 반면에 현지화는 해외시장의 지역별로 권한위임을 통하여 시장니즈에 맞는 제품을 차별화하여 현지에서의 경쟁력을 강화시켜 나가는 것을 말한다. 글로벌화는 일반적으로 현지화가 어느 정도 진척되었을 때 진행된다. 최근 세계화와 현지화가 동시에 나타나는 현상을 글로컬라이제이션(glocalization)이라고 한다.

제품의 글로컬은 '현지화(local), 세계화(global), 글로컬(glocal)'의 단계적 발전을 거친다. 현지 제품이 인기를 얻어 세계적 파급력을 지닌 후 다시 다른 지역 문화와 결합해 새로운 제품을 만든다. 세계 각지에 진출한 해외 글로벌 기업들은 해당 지역의 문화적 특색을 고려한 글로컬라이제이션 전략을 제품에 적용한다.

예를 들어 미국 시장에서 햄버거 하나로 성공한 맥도널드는 현지제품으로 자국 시장 우위를 차지한 후 전 세계로 진출하였다. 우리나라에 진출한 맥도널드는 미국식 햄버거에 불고기 패티를 넣은 '불고기버거'를 내놓았다. 이는 한국인이 전통적으로 즐겨먹는 불고기를 기존 제품과 결합한 것이다.

락앤락과 글라스락은 모두 차를 즐겨마시는 중국인의 습성을 고려해 차통을 삽입한 물병을 선보이기도 했다. 비핸즈차이나는 중국에서 혼인과 관련하여 주로 붉은색을 쓰기 때문에 한국에서 판매하던 흰색 바탕의 청첩장을 중국 현지에 맞게 변형하거나 중국인의 기호에 맞게 청첩장을 개발해 인기를 끌고 있다.

[그림 7-3] 중국 현지화 사례

락앤락의 리빙박스는 빨강색과 주황색을 좋아하는 중국인의 특성과 수납공간이 부족한 중국의 일반 가정의 특성을 파악하여 다양한 크기와 사양을 가진 수납박스를 출시하여 성공하였다.

기업의 세계화 과정에서 문화를 매개로 하는 비즈니스가 이루어지는 분야를 다음과 같이 세 가지로 요약할 수 있다.

1단계는 바이어에 대한 이해를 하는 단계로 수출 단계를 의미한다. 바이어의 출신과 바이어의 출신시장에 대한 문화적 이해가 중요하다. 예를 들면, 명함은 미국인에게는 전화번호가 있는 종이쪽지에 불과하지만 한국과 일본에서는 자기얼굴이라고 생각한다. 포옹의 경우 중남미에서는 애정의 표현이지만 중동지역은 숨겨놓은 무기를 찾기 위한 방법이다.

2단계는 현지고객에 대한 이해의 단계로 현지 시장이 가지고 있는 문화적 속성이 반영된 욕구를 충족시키는 제품과 서비스를 통해 구현단계로서 현지 문화에 대한 정확하게 파악하는 것이 중요하다. 이 단계에서는 주로 판매상황에서의 문화가 필요하다.

〈표 7-2〉 현지화 성공사례

	인도에서 현대차 1등 브랜드 - 인도의 더운 날씨 고려 뒷자리 에어컨 장착한 현지화 성공		파세코 중동지역의 낮 기온은 섭씨 40도에 육박하지만 밤에는 섭씨 5도
	KT&G, 현지화 전략 성공 중남미 산업의 중심 커피-중남미엔 커피향의 담배출시		스노우테크 상온에서도 눈을 만들 수 있는 조설기 개발 태국, 필리핀 등으로 수출

 ▲메카 인디케이터(Mecca Indicator)폰 ⓒLG전자	LG 메카폰 중동지역 메카를 향해 5번 기도를 위해 나침판과 알람기능		LG자물쇠 냉장고-인도, 중동 소득격차가 큰 중동 인도 외부인이 음식물을 꺼내지 못하도록 냉장고에 자물쇠를 장착
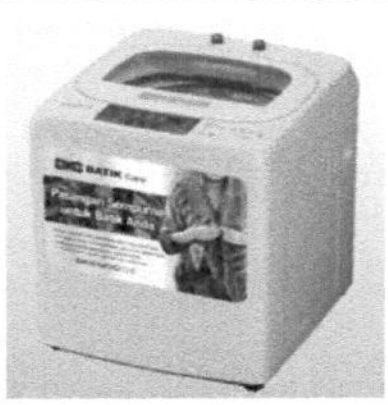	동부대우전자-인도네시아 무슬림 용 '바틱' 세탁기 세탁물 변형과 손상 위험을 줄임		무슬림 여성용 '히잡' 전용 세탁 코스 탑재

〈표 7-3〉 현지화 실패사례

	삼성전자 식기세척기 수영복 차림의 어린 여성 댄서로 남아공실패		미국 골프공 회사 4개 1set로 일본 수출실패
	2.2m 이상의 제품 진열대로 카르프 한국철수		리빙페인트 용이 미끄러질 정도라는 표현으로 실패
	돌사자상이 도요타의 프라도 자동차를 향해 경례를 하는 사진으로 중국시장 실패		피해국 고통을 외면한 유니클로 한국광고

〈표 7-4〉 인종차별 사례

<table>
<tr>
<td></td>
<td>버거킹광고
이탈리아 돌체 앤 가바나
젓가락으로 햄버거와 피자먹는 모습으로 아시아인 비하</td>
<td>
</td>
<td>인텔광고
단거리육상선수-업무효율성을 강조 흑인모델 사용</td>
</tr>
<tr>
<td>
</td>
<td>눈꼬리 찢기
대표적인 아시아인을 비하하는 사례</td>
<td>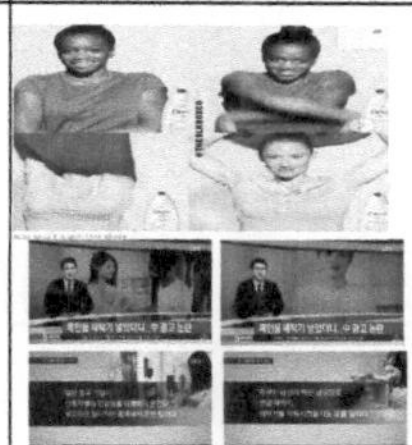</td>
<td>도브
흑인과 백인 대비하여 도브제품 및 세탁기 성능의 우수성을 표시하였으나 인종차별로 곤혹</td>
</tr>
<tr>
<td></td>
<td>폭스바겐
흑인 남성을 꼭두각시로 표시하여 인종차별로 곤혹</td>
<td>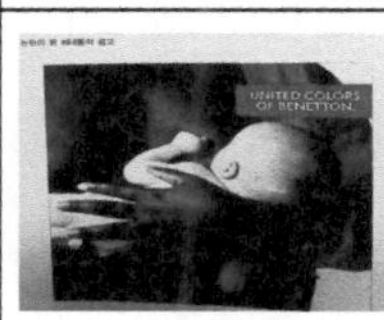
</td>
<td>베네통광고
프랑스, 이탈리아 광고대상
미국에선 인종차별</td>
</tr>
</table>

3단계는 현지종업원에 대한 이해단계로서 현지 생산기지, 법인, 지사 등 다양한 형태에서의 인사관리가 포함된다. 특히 글로벌 기업들은 서로 다른 언어를 사용하고 다른 사고방식과 행동양식을 갖는 타문화권의 사람들을 상대로 하게 되어 사전에 상대의 문화에 대한 이해가 필요하다.

예로서, 초창기 한국기업들이 동남아 진출할 때 격려차원에서 근로자의 어깨를 두들겼는데 현지인은 그 기업인이 자신을 폭행하였다고 하여 문제가 발생하기도 하였다.

제2절 한류와 비즈니스

1 한류열풍

한류(韓流)란 한국의 대중문화를 해외사람들이 좋아하고, 열광하는 현상을 의미한다. 1990년대 중・후반부터 중국, 대만, 홍콩, 베트남 등에서 청소년 사이에서 번지기 시작한 한국가요, 드라마, 패션, 영화 등을 좋아하는 현상이라 할 수 있다. 유튜브 등을 통해서 한국의 드라마와 노래 등 대중문화에 대한 관심은 한국에 대한 호감도의 증대와 한국 상품 및 서비스에 대한 구매로 이어지고 있다.

한류는 세계화 시대의 문화 산물로서 한국 드라마, 가요, 영화, 온라인게임 등 대중문화뿐만 아니라 한국의 김치, 고추장, 라면, 가전제품, 화장품, 한글 등 한국 관련제품의 선호현상 대두를 가리키는 것이기도 하다. 이 외에도 인기스타의 패션, 헤어스타일, 그들이 사용하는 전자제품 등에 대한 관심이 증가되고 포탈의 인기 검색어에 오르내린다. 따라서 해외 한류팬들은 한류스타를 보면서 그들이 입고 나오는 의상을 유심히 보고 구매로 이어지는 것이다. 한류스타를 모델로 기용하는 제품의 매출이 급성장하는 것도 같은 맥락이다.

예로서, 샤넬의 지드레곤(빅뱅)과 제니(블랙핑크), '루이비통'의 BTS(방탄소년단), '프라다'의 찬열(엑소), '디올'의 지수(블랙핑크), '구찌'의 카이(엑소), '생로랑'과 '티파니앤코'의 로제(블랙핑크), '셀린느'와 '불가리'의 리사(블랙핑크), '지방시'의 에스파 등이 대표적이다. 이들이 2022년 세계 고급문화의 정점이라 할 수 있는 명품들의 패션쇼 '가장 앞줄(Front Row)'에 앉는 등 2022년 현재 명품들의 글로벌 앰배서더(Ambassador, 홍보대사)로 활동하고 있다.

자료 : 업계취합, 출처 : 중앙일보, 2022.04.07.

[그림 7-4] 최고 명품 '글로벌 앰배서더'로 활동하는 K팝 스타들

1990년대 '사랑이 뭐길래', '별은 내 가슴에'가 아시아의 수백만 명의 시청자를 끌어모으고, 클론'과 HOT가 이 지역 청소년들의 패션 스타일을 바꾸어 놓으면서 한류가 시작되었다. 초기에 한류를 바라보는 시선은 한국 콘텐츠의 해외 진출이 살기 위한 필사적인 몸부림이었다는 점을 과소평가하여 비관적이었다.

유명 기획사 대표는 "우리의 세계 진출은 한국에서 더 이상 버틸 수 없었기 때문에 이루어진 것이다. 우리는 먹고살기 위해 해외로 나갈 수밖에 없었다"라고 세계 진출의 동기를 설명하였다. 한류는 열악했던 우리의 문화콘텐츠산업이 생존을 위해 해외 진출을 모색했던 결과가 오늘날 한류열풍을 일으켰다.

'겨울연가', '대장금'과 함께 일본에서 카라와 소녀시대를 중심으로

K-pop 붐이 일었다. 일본 음악 시장 진출로 목표를 달성한 줄 알았던 K-pop은 프랑스 SM Town 공연의 성공과 싸이의 등장으로 서구 진출을 시작하였다. 한류의 핵심 콘텐츠는 K-pop과 '별에서 온 그대'와 '태양의 후예'라는 드라마 등이 인기를 끌면서 한류 콘텐츠는 아시아를 넘어서 글로벌 시장으로 발돋움하였다.

K-pop에서는 BTS와 블랙핑크의 등장과 함께 넷플릭스와 같은 OTT를 통해서 '오징어 게임', '사랑의 불시착', '이태원 클라스', '킹덤' 등이 세계 안방극장에 파고들고, 영화시장에서는 〈기생충〉과 〈미나리〉가 세계적인 인기를 계속 이어갔다.

한류 콘텐츠는 종류와 확산지역에 따라 공급자 관점에서 〈표 7-5〉와 같이 4단계로 구분된다.

〈표 7-5〉 공급자 측면에서의 한류 발전단계 분류

구분		1단계 (1기)	2단계 (2기)	3단계 (3기)	4단계 (4기)
연도		~2003년	2004~2009년	2010~2017년	2017년 이후
콘텐츠 확산	지역	중국 및 동남아시아	일본, 중국 및 동남아시아	일본 중심, 유럽 등	전 세계
	장르	K-pop(1세대 아이돌), 드라마	드라마 및 드라마 OST	K-pop(2세대 아이돌, 싸이)	K-pop(BTS), 드라마
구분 기준		일부 아시아 국가에서 한국 문화상품에 대한 선호와 유행	일본에서의〈겨울연가〉, 중화권의 〈대장금〉 성공으로 본격적인 경제적 성과가 창출됨	일본 및 아시아에서 K-pop 붐과 유튜브를 매개로 아시아를 넘어 유럽 등 매니아 시장 형성. 싸이를 통한 세계 시장 가능성 확인	세계 시장으로 확산하며 경제적 효과를 창출, 넷플릭스 등 글로벌 플랫폼을 통한 콘텐츠의 세계적 확산

시사점	한류의 가능성을 처음으로 확인할 수 있었던 시기	한류가 본격적인 사회현상으로 인식, 한국 콘텐츠의 해외 진출 본격화 (중화권 중심)	중국 내 중국 문화규제, 일본과의 외교적마찰 등으로 중화권 내에서 한류 확산이 침체함과 동시에 한류가 전 세계 시장을 무대로 확산하는 전기가 마련됨	다양성, 포용을 강조하는 글로벌 트렌드, 정부의 신남방/신북방 정책 등과 맞물려 한류의 글로벌 확산이 본격화됨

출처 : 채지영(2020), "한류 20년, 성과와 미래전략", p. 30

구분	한류 1.0	한류 2.0	한류 3.0	신한류(K-Culture*)
시기	1997년~ 2000년대 중반	2000년대 중반~ 2010년 초반	2010년대 초반~ 2019년	2020년~
특징	한류의 태동 영상 콘텐츠 중심	한류의 확산 아이돌 스타 중심	한류의 세계화 세계적 스타 상품 등장	한류의 다양화 + 세계화(온라인 소통)
핵심 분야	드라마	대중음악	대중문화	한국문화 + 연관 산업
대상 국가	아시아	아시아, 중남미, 중동, 북아메리카 일부 등	전 세계	전 세계(전략적 확산)
소비자	소수 마니아	10~20대	세계시민	세계시민(맞춤형 접근)

* 케이-컬처(K-Culture)는 신한류의 영문 명칭 겸 국제 홍보 브랜드

자료 : 한류와 아시아(1) 한류 20년, 성과와 미래 전략 (https://snuac.snu.ac.kr/?p=32188)토대로 재작성

[그림 7-5] 한류의 발전과정

2 한류열풍과 수출

1) 한류와 소비재 수출

한류열풍은 단순한 문화 콘텐츠 확산뿐만 아니라 국가브랜드와 한국 제품의 호감도 상승으로 이어지며, 기업의 매출증대와 해외시장개척에도 큰 기여를 하고 있다. 한류의 확산은 문화 컨텐츠산업의 성장을 넘어, 서비스와 제조업의 수출경쟁력에 긍정적인 영향을 미치고 있는 것으로 분석된다. 문화콘텐츠산업과 한류의 연계는 국가이미지 제고, 상품수출 증대로 직결된다.

2021년 신종 코로나바이러스 감염증(코로나19) 사태 장기화에도 불구하고 한류 관련 수출액이 15조원에 육박하였다. 특히 그룹 방탄소년단과 드라마 '오징어게임' 등의 영향으로 그간 한류에 별 관심이 없던 미국, 영국, 호주 등에서도 한국 관련 상품과 콘텐츠가 인기를 끈 것으로 나타났다.

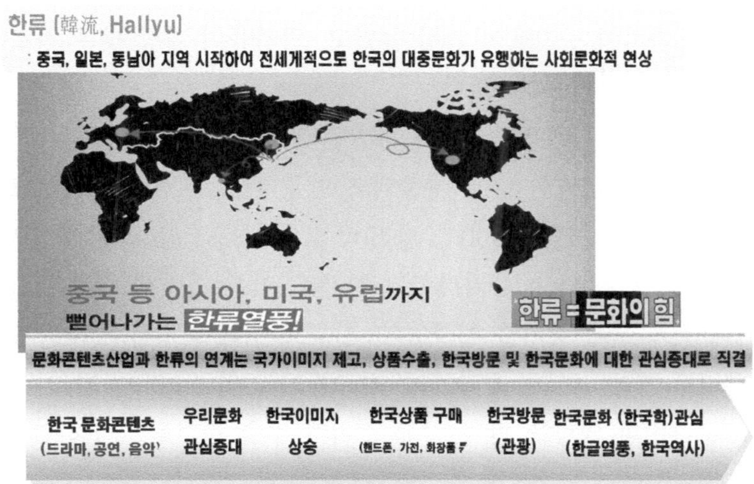

[그림 7-6] 문화콘탠츠와 수출 및 관광 연계성

〈표 7-6〉 한류로 인한 총 수출액

단위 : 백만 달러

	2018	2019	2020	2021	2021년 증가율(%)
문화콘텐츠(A)	5,443	5,836	7,582	7,039	-7.2
소비재 및 관광(B) (소비재) (관광)	5,010 (3,293) (1,717)	6,067 (3,433) (2,634)	3,944 (3,683) (261)	4,657 (4,392) (265)	18.1 (19.2) (2.2)
합계(A+B)	10,452	11,903	11,526	11,696	1.5

자료 : 한국국제문화교류진흥원, 2021 한류 파급효과 연구, p. 59.

소비재 및 관광 수출액'과 '한류로 인한 소비재 및 관광 수출액'은 〈표 7-7〉과 같다. 코로나19로 인해 관광객은 크게 감소하였지만 소비재 수출이 증가하여 2021년 소비재 및 관광 총 수출액은 819억 8,300

만 달러로 전년 대비 18.0% 증가하였다. 소비재 가운데 액세서리가 46.5% 증가하여 증가율이 가장 높았고, 증가율이 가장 낮은 식료품도 전년 대비 10.9% 증가하였다.

한편, 소비재 한류영향계수와 한류 관광객 비중을 이용하여 도출한 한류로 인한 소비재와 관광 수출액도 한류 관광 부진 속에 한류로 인한 총수출액은 116억 9,600만 달러(약 14조 8,305억원)에 달해 전년 대비 1.5%(약 2,000억원) 증가하였고 한류로 인한 소비재 수출은 19.2% 증가해 전체 수출 증가를 이끌었다. 한류로 인해 화장품이 16억 6,500만 달러로 가장 많이 수출되었고, 식료품도 10억 4,900만 달러 수출되어 코로나19의 영향을 받지 않고 소비재 수출 증가를 견인하였다.

〈표 7-7〉 소비재 및 관광 수출액/한류로 인한 소비재 및 관광 수출액

단위 : 백만 달러

		2018	2019	2020	2021	2021년 증가율(%)
소비재 및 관광 수출액	식료품	4,784	5,035	5,871	6,513	10.9
	화장품	6,323	6,592	7,644	9,249	21.0
	의류	2,093	1,918	1,890	2,184	15.5
	액세서리	914	881	791	1,159	46.5
	가전제품	7,216	6,957	6,989	8,667	24.0
	휴대전화	6,121	4,744	4,099	4,926	20.2
	자동차	37,155	38,101	31,730	38,669	21.9
	소비재 합계	64,605	64,229	59,013	71,367	20.9
	관광	18,462	20,741	10,437	10,616	1.7
	관광 포함 합계	83,068	84,970	69,450	81,983	18.0

한류로 인한 소비재 및 관광 수출액	식료품	675	780	945	1,049	100.9
	화장품	929	1,114	1376	1,665	21.0
	의류	318	338	346	400	15.5
	액세서리	123	144	138	202	46.5
	가전제품	390	397	398	494	24.0
	휴대전화	263	166	131	158	20.2
	자동차	594	495	349	425	21.9
	소비재 합계	3,293	3,434	3,683	4,392	19.2
	관광	1,717	2,634	261	265	1.7
	관광 포함 합계	5,010	6,068	3,944	4,657	18.7

자료 : 한국국제문화교류진흥원, 2021 한류 파급효과 연구, p.58.

2) 콘텐츠 수출액

한국콘텐츠진흥원의 '2021년 하반기 및 연간 콘텐츠 산업 동향분석' 보고서에 의하면, 국내 콘텐츠 산업 연간 수출액은 약 135억 8,000만 달러로 집계됐다. 엔씨소프트 '리니지W', 위메이드 블록체인 게임 '미르4' 등 게임은 약 94억 4,000만 달러 실적을 거두어 전체 수출의 69.5%를 차지하면서 수출 성장을 견인하였고, K-웹툰 글로벌 흥행 성공과 K-팝 음반 수출규모 증가로 만화(39.7%), 음악(38.5%) 등이 글로벌 시장 공략에 성공했다.

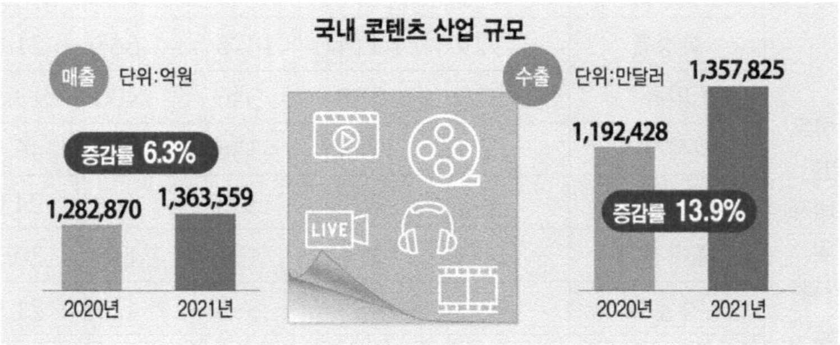

자료 : 전자신문, 콘텐츠산업 연매출 136.4조원…게임・만화・음악 수출 확대, 2022.6.9., 22면

[그림 7-7] 국내 콘텐츠 산업 규모

한국국제문화교류진흥원(KOFICE)의 '2022 글로벌 한류 트렌드'에 의하면, 응답자의 53.5%는 코로나19 발생 이전보다 한류 드라마 소비량이 늘었다고 답했다. 같은 기간 드라마 소비량이 감소했다고 답한 응답자는 11.3%로 나타났다. △영화 △예능 △게임 등 주로 영상콘텐츠의 소비량이 증가하는 경향을 보였다. 해외 한류 소비자들이 이용하는 드라마 3편 중 1편(31.0%)은 한류 드라마인 것으로 조사됐다. 한류 드라마를 접하는 주된 경로는 '온라인/모바일 플랫폼'(77.0%)과 'TV'(65.5%)가 꼽혔다.

해외 한류 소비자들이 생각하는 한류 드라마의 인기 요인은 '짜임새 있는 스토리'(15.9%)와 '배우의 매력적인 외모'(15.9%) 등이다. 동류의 영상 콘텐츠인 영화와 비슷하면서도 차이를 보였다. 영화의 인기 요인은 '짜임새 있는 스토리'(17.3%), '한국 문화 간접 체험'(13.5%) 등이다.

〈표 7-8〉 최선호 한국 콘텐츠(2018-2021년)

	2018년		2019년		2020년		2021년	
최선호 한국 드라마		(5,235)		(5,563)		(4,143)		(4,850)
	미스터 션샤인	4.7	호텔 델루나	8.2	사랑의 불시착	9.5	오징어 게임	21.2
	태양의 후예	3.7	태양의 후예	3.0	사이코지만 괜찮아	4.1	사랑의 불시착	2.2
	도깨비	3.4	대장금	2.3	부부의 세계	2.8	빈센조	1.9
	김비서가 왜그럴까?	2.9	킹덤	2.1	이태원 클라쓰	2.8	펜트하우스	1.6
	너도 인간이니?	2.6	도깨비	2.0	킹덤	2.5	갯마을 차차차	1.4
최선호 한국 영화		(5,482)		(5,801)		(4,704)		(5,048)
	부산행	8.4	기생충	12.4	기생충	18.4	기생충	10.3
	지금 만나러 갑니다	5.8	부산행	7.9	부산행	10.2	부산행	6.8
	신과함께: 죄와 벌	4.5	극한직업	3.1	반도	3.5	서복	1.5
	신과함께: 인과 연	2.1	신과함께	2.0	#살아있다	2.1	미드나이트	1.3
	버닝	2.0	엑시트	1.5	사냥의 시간	1.6	승리호	1.3
최선호 한국 배우		(7,500)		(8,000)		(8,500)		(8,500)
	이민호	8.6	이민호	7.6	이민호	9.6	이민호	9.3
	송혜교	2.4	송혜교	3.4	현빈	3.5	현빈	3.1
	공유	2.4	송중기	1.9	공유	2.3	공유	2.8
	송중기	2.1	공유	1.8	송혜교	2.1	송혜교	2.2
	이종석	1.9	수지	1.7	이종석	2.0	송중기	2.1
최선호 한국 가수/그룹		(7,500)		(8,000)		(4,695)		(4,679)
	방탄소년단	10.3	방탄소년단	15.2	방탄소년단	22.0	방탄소년단	26.7
	싸이	6.9	블랙핑크	6.5	블랙핑크	13.5	블랙핑크	10.4
	블랙핑크	3.8	싸이	5.7	싸이	2.9	아이유	2.8
	빅뱅	2.5	트와이스	2.8	트와이스	2.4	리사	2.4
	엑소	2.3	빅뱅	2.5	엑소	2.1	싸이	2.2

		(3,859)		(3,746)		(3,507)		(3,687)
최선호 한국 게임	배틀그라운드	18.0	배틀그라운드	18.3	배틀그라운드	18.0	배틀그라운드	14.5
	라그나로크	15.7	라그나로크	11.4	라그나로크	11.6	라그나로크	12.1
	크로스파이어	11.0	크로스파이어	10.5	크로스파이어	9.8	크로스파이어	9.7
	검은사막	.8	검은사막	8.9	검은사막	7.5	검은사막	6.6
	메이플스토리	8.6	던전앤파이터	8.5	서머너즈 워	7.2	던전앤파이터	6.2
최선호 한국 애니메이션 캐릭터 (1순위)		(5,740)		(4,252)		(3,782)		(4,056)
		20.1	뿌까	15.9	뿌까	15.0	라바	9.6
	뽀로로	19.8	뽀로로	15.5	라바	11.8	뽀로로	9.3
	라바	16.9	라바	14.8	뽀로로	11.6	뿌까	8.8
	타요	11.6	핑크퐁	13.3	핑크퐁	9.5	신비아파트	8.0
	폴리	10.5	슈퍼윙즈	10.3	슈퍼윙즈	7.1	슈퍼윙즈	7.3

Q. 귀하가 올해 시청한 한국 드라마 중 가장 좋아하는 것은 무엇입니까?
Q. 귀하가 올해 시청한 한국 영화 중 가장 좋아하는 것은 무엇입니까?
Q. 귀하가 현재 가장 좋아하는 한국 배우는 누구입니까?
Q. 귀하가 현재 가장 좋아하는 한국 가수/그룹은 누구입니까?
Q. 다음 게임 중 가장 좋아하는 것은 무엇입니까?
Q. 귀하가 선호하는 한국 애니메이션 캐릭터는 무엇입니까? 2순위까지 선택해 주십시오.

한국국제문화교류진흥원의 2022 해외한류실태조사에 의하면, 최선호 콘텐츠로 드라마는 '오징어 게임'(21.2%), 영화는 '기생충'(10.3%), 배우는 '이민호'(9.3%), 가수/그룹은 '방탄소년단'(26.7%), 게임은 '배틀그라운드'(14.5%), 애니메이션 캐릭터는 '라바'(9.6%)로 나타났다.

한류를 활용한 경제 산업적 협력 방안은 다음과 같은 기본 원칙에 기초해야 한다.

1) 다른 문화에 대한 이해와 존중을 바탕으로 진행되어야 한다.

2) 글로벌 전략과 일치해야 하며 국가 브랜드 가치를 높일 수 있어야 한다. 한국의 대외협력 전략 차원에서 한 단계 성숙한 품격있는 국가 도약으로 국가 브랜드 가치를 높이기 위해 '문화의 존중'이 중요하다는 전략이 마련되어야 한다.
3) '정부 간 협력 거버넌스'를 구축하는 것을 전제로 해야 한다.
4) 4차 산업혁명 시대의 '문화·창조산업'이 가진 잠재력과 문화 교류가 가져올 경제적 이익의 증진에 맞춰 전략을 강구해야 한다.
5) 일회성이 아닌 지속 가능한 협력 전략을 마련하고 협력 프로그램을 운영해야 한다.

제3절 문화활용 비즈니스

1 성공 사례

종래 문화는 생산요소가 아닌 최종소비재로 인식되거나 정신적·비물질적 측면이 강조된 까닭으로 문화와 경제의 관계 내지 문화투자에 대한 경제적 효과분석은 경제발전전략 수립과정에서 도외시되었다. 그러나 문화로 인한 경제적 부가가치 창출이 보편화되면서 문화는 생산요소·자본재로서 과거의 노동·자본·기술보다 중요시되고 있다.

〈표 7-9〉 문화의 기능변화

종래의 기능 · 인식	새로운 기능 · 인식
• 과거 생산수단 : 토지, 노동, 자본 • 노동이후의 여가거리, 사치재, 소비재 • 산업연관표상으로도 문화는 제조업이 아닌, 문화 · 오락 · 서비스산업으로 분류 • 생산요소로서의 문화도 국가 경제발전이나 기업 성장을 위한 기본적 고려요인이 아니라 부수적인 요인과 소비 지향적인 것으로 인식	• 새로운 생산요소 : 지식과 문화 • 문화도 생산수단화, 자본재화(국가발전, 기업성장의 수단) • 전통적인 생산요소인 노동, 자본, 기술은 상대적으로 중요성이 감소하고 있으며, 유형자산보다는 무형자산에 의한 부가가치 창출의 중요성이 상대적으로 높아져가고 있음.

1) 스타벅스

스타벅스의 성공은 문화 마케팅에서 경쟁의 경계는 무의미하다는 사실을 잘 보여주고 있다. 스타벅스가 판매하는 커피는 커피 산업에서는 여타 커피숍이 경쟁 브랜드이겠지만 스타벅스가 제공하는 공간은 사람들이 만나서 이야기를 나누고 데이트를 한다는 점에서 영화관, 서점 혹은 기타 만남의 장소와 경쟁관계에 있는 것이다.

스타벅스는 고객의 라이프 스타일을 분석하여 출판업까지 진출하였다. 고객이 스타벅스 커피를 마시는 공간에서 책을 읽는 라이프 스타일을 적절하게 활용한 것이다. 또한 최근에는 HP와 합작하여 음원 사업까지 진출하였다. 스타벅스 고객에게 있어서 커피를 마시면서 음악을 듣는 것이 아주 자연스러운 생활이었기 때문이다. 지금 스타벅스는 고객이 원하는 음악을 듣고 책을 보면서 커피를 마실 수 있는 문화 공간으로 정착되었다.

2) 파리바게뜨

프랑스 파리 지하철역 샤틀레 부근의 장 랑티에르 거리. 고풍스러운 건물 1층에 흰색으로 'PB'라고 쓰인 회갈색 간판이 내걸렸다. 국내 제빵 브랜드 파리바게뜨가 2014년 7월 22일 프랑스에 낸 첫 매장이 처음 손님을 맞는 날이었다. 외부에서 빵을 구워 공급하는 대중 브랜드 빵집이 늘고 있는 상황에서 파리바게뜨는 제빵사가 매장에서 모든 빵을 직접 굽는 방식을 택했다. 제빵사 4명을 포함한 13명의 직원은 모두 프랑스인으로 뽑았다.

맛과 제조 방식은 현지식(式)을 따랐지만, 매장 운영 방식은 한국식을 접목했다. 프랑스 빵집은 대부분 매장에 테이블이 없다. 이 때문에 샌드위치와 음료수를 사서 인근 공원이나 길거리 벤치에 앉아 먹는 경우가 대부분이다. 파리바게뜨는 46개의 좌석을 마련해 빵과 음료를 앉아서 먹는 '한국식 카페형'으로 매장을 꾸몄다.

3) KFC

현지 고객에 대한 깊은 이해를 바탕으로 현지화에 성공한 제품들도 존재한다. KFC 중국은 잘 알려진 성공적인 현지화 사례 중 하나다. 1987년 베이징에 처음 매장을 오픈한 KFC는 전통의 '커넬 샌더스 레시피'를 고집하지 않았다. KFC 중국은 현지에서 시장조사 전문가들을 대거 영입하여 자체적으로 고객들의 입맛을 연구하기 시작했다.

예를 들어, 중국인들이 아침식사로 길거리에서 주로 사먹는 죽이나 요티아오(도너츠) 등을 연구하여 아침식사용 메뉴들로 선보였다. 또한, 심층적인 고객 연구를 통해 중국인들이 좋아하는 음식인 밥, 오리, 구운 닭 등을 KFC 레시피와 조합하여 성공적인 현지화 메뉴들을 선보이고 있다. 중국 KFC는 현재 850개 이상의 도시에서 4,400개가 넘는 매장을 운영하며 큰 성공을 거두고 있다.

4) 풀무원

풀무원은 중국인의 입맛을 고려해 물냉면과 비빔냉면을 혼합한 냉면 육수에 비빔장을 곁들인 비빔물냉면을 출시해 좋은 반응을 얻고 있다. 국내에서는 '함흥비빔냉면'이라는 상표로 출시됐지만 대장금의 영향으로 한국 궁중식에 대한 호감도가 높은 중국에서는 '한국궁중비빔물냉면'으로 이름을 바꿔 출시되면서 소비자들의 이목을 집중시켰다.

5) 메카폰

1990년대 초, 두바이 LG전자 시장조사 팀은 본격적인 진입에 앞서, 제일 먼저 시장이나 가정집이 아닌 이슬람 사원을 방문했다. 무슬림에게 종교가 어떤 의미인지를 정확하게 파악하는 것이 중요하다고 여긴 팀은 시간이 날때마다 사원을 드나들며 사람들을 관찰하고 연구했다.

연구 중 조사 팀은 무슬림들이 하루 5번 정해진 시간(해뜨기 전, 일출, 정오, 오후, 해지기 전, 일몰)에 맞추어 메카 방향으로 기도를 하는데, 시간을 못 지키거나 나침반을 휴대해야 하는 번거로움이 있음을 발견했다. 그 결과 '메카폰'이라는 무슬림을 위한 핸드폰이 개발되었고, 이것은 하루 5번 기도 시간을 알려주는 기능, 메카를 가리키는 나침반 기능, 그리고 기도 중 전화가 올 경우 자동으로 수신거절과 함께 기도 중이라는 메시지가 전송되는 기능 등을 탑재하여 성공을 거두었다.

〈표 7-10〉 현지화 성공사례

	**스타벅스** 커피를 파는 것이 아니라 문화를 판다
	**파리바게뜨** 맛과 제조 방식은 현지식(式)을 따랐지만, 매장 운영 방식은 한국식을 접목
	KFC 아침식사용 메뉴 (죽이나 요티아오(도너츠) 등)
	**풀무원** 대장금영향 인기있는 냉면개발 – 한국궁중비빔물냉면
	**메카폰** 아람인들의 기도에 활용

읽어보기 인도에서 성공한 기업- LG전자 인디아

2007년 현재 LG전자는 인도에서 냉장고(29%), 에어컨(35%), 세탁기(30%), 전자레인지(37%), 컬러TV(26%) 등 5개 제품에서 시장 점유율 1위를 달리고 있다. 4년 만에 인도 시장을 제패한 LG전자 인디아의 비결은 뭘까?

"발로 뛰는 '풋(Foot) 마케팅', 철저한 현지 경영, 고객 만족을 위한 품질 경영이 3대 비법"이라고 설명했다.

LG전자가 가장 먼저 했던 일은 현지 브랜치 망을 건설하는 일이었다. 이 때문에 직원들은 사모사(인도식 만두)로 배를 채우며 인도 전역을 돌아다니면서 6개월 만에 18개 망을 갖추는 데 성공했다. 어음을 쓰지 않고 현금 거래를 통해 현지 벤더(납품업체)들의 신용을 쌓은 전략이 주효했던 것이다.

철저하게 현지인 중심으로 운영한 것도 LG전자의 성공 요인이다. 인도 최대 IT 도시인 벵갈로르에 세운 소프트웨어개발센터에는 전체 직원 650명 중 한국 직원은 5명뿐이다. 인도법인 전체 직원을 봐도 3300명 가운데 한국인은 24명으로 많지 않다. 이런 현지인 중심 인력 관리를 통해 LG전자의 이직률은 12%로 타사 평균(25%)의 절반 수준으로 낮췄다.

제품도 인도 소비자에 적합한 '맞춤식 상품'으로 변형한 현지화 전략을 구사했다. 가령 자주색 계통을 좋아하는 인도인 취향에 맞췄고 냉장고의 경우 채식주의자가 많은 인도인에 맞게 냉동고를 줄이는 대신 야채실을 넓히는 제품을 선보였다.

친디아를 다시보자 - 인도편 비즈니스 조선(2007. 12)

2 실패 사례

외국시장에서 어설픈 현지화 제품들은 고객들에게 외면당한다. 현지 고객과 문화에 대한 깊은 이해가 반드시 선행되어야 한다. 현지 기업들까지 가세한 초경쟁 시장에서 살아남기 위해서는 제대로 된 현지화 제품을 선보여야 한다. 현지 고객에 대한 연구와 이해가 부족한 상태에서 출시된 제품들은 어설픈 현지화 제품으로 전락했다.

1) 퓨마

2011년 독일의 글로벌 기업인 퓨마 역시 아랍에미리트 시장에서 어설픈 현지화로 곤욕을 치렀다. 당시 퓨마는 아랍에미리트의 40주년 독립 기념일을 축하하면서 국기 색상인 빨간색, 하얀색, 초록색을 활용한 운동화를 출시했다.

그러나 퓨마는 중동에서 신발이나 발은 불경스러운 것으로 간주된다는 것을 미쳐 파악하지 못했다. 신성한 국기를 신발 디자인에 넣은 것은 아랍에미리트에 대한 모독이라고 생각한 소비자들은 불매운동을 벌이면서 격렬하게 항의했다. 결국, 퓨마는 공식적으로 실수를 인정하며 사과했고, 제품을 전량 회수하여 폐기처분할 수밖에 없었다.

2) 펩소던트

펩소던트는 동남아시아에 그들의 치약이 이를 하얗게 하는 아주 우수한 물질을 포함하고, 하얗게 하는 미백효과가 있음을 강조함으로써 제품촉진을 실시하였다. 그러나 이 지역 사람들은 이빨을 검게 함으로써 사회의 지위를 얻을 수 있다는 관습 때문에 betal nut(이것을 씹으면 이가 검게 된다함)를 씹고 있었다. 그러므로 검은 이를 하얗게 할 수 있는 치약이 그들에게는 아무 소용이 없었던 것이다.

3) 아디다스

독일 스포츠용품 업체인 아디다스가 2014년 브라질 월드컵 축구대회를 겨냥해 출시한 티셔츠에 외설 논란이 일자 판매를 급히 중단했다. 브라질 관광청이 티셔츠의 디자인을 두고 '섹스 투어'를 조장한다며 강력히 항의했기 때문이다.

문제의 티셔츠는 두 종류로, '득점 장면을 보세요'(LOOKIN' TO SCORE)라는 문구 아래 비키니 수영복을 입은 여성이 축구공을 든 모습을 형상화한 것과 '브라질을 사랑해요'(I ♥ BRAZIL)라는 글귀를 넣은 것으로 나뉜다. 언뜻 보아 성적인 내용과 무관해 보이나 브라질 관광청과 브라질 국민은 이 티셔츠가 자국을 성애(性愛)의 나라로 오인하게끔 부추기고 있다며 아디다스 측에 거세게 반발했다.

'SCORE'라는 영어 단어가 마약상들의 은어로 '마약을 얻다'라는 뜻을 내포하고 있어 'LOOKING' TO SCORE'라는 문구가 축구 득점뿐만 아니라 브라질 여성과 동침하다라는 은유적인 뜻이 담겨있으며, 아디다스가 또 다른 문구인 'I ♥ BRAZIL'에서 ♥ 모양을 비키니 상・하의로 디자인한 것도 브라질 월드컵 기간 자국을 찾는 관광객에게 매춘 등 불법 행위를 조장할 수 있어 브라질 국민의 심기를 불편하게 만들었기 때문이다.

〈표 7-11〉 현지화 실패사례

Puma	Pepsodent		
어랍에미리트의 독립 40주년을 기념하여 국기의 색상인 빨간색, 하얀색, 초록색을 활용한 운동화 출시 → 신성한 국가를 신발디자인에 포함한 것은 아랍에미리트에 대한 모독으로 간주, 소비자의 퓨마 제품에 대한 불매운동 전개 → 퓨마는 공식적인 실수를 인정하고 제품의 전량회수 및 폐기처분 	• 동남아시아에서 치아의 미백효과를 강조한 제품촉진 실시 • 현지인은 흰 치아보다 검은 치아가 사회적 지위를 얻을 수 있다는 관습때문에 Betal nut 구매문화 정착 • Pepsodent는 동남아시아에서 실패 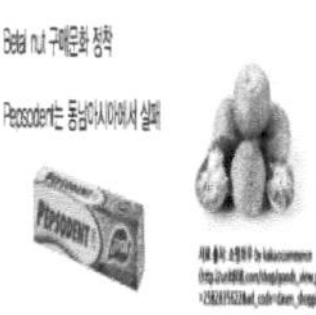	 '득점 장면을 보세요' (LOOKIN' TO SCORE)라는 문구 'SCORE'라는 영어 단어가 마약상들의 은어로 '마약을 얻다'라는 뜻을 내포, 'LOOKING' TO SCORE'라는 문구가 축구 득점뿐만 아니라 브라질 여성과 동침하다라는 은유적인 뜻	 'I ♥ BRAZIL'에서 ♥모양을 비키니 상·하의로 디자인한 것은 매춘 등 불법 행위를 조장할 수 있음

기업들이 해외에 진출할 때 현지화전략을 사용할 경우에는 제대로 된 현지화 제품을 선보여야 할 것이다. 제대로 된 현지화를 위해서는 우선 현지 고객과 문화에 대한 연구가 선행되어야 한다. 본사의 사업

관련 담당자들이 직접 외부인의 시각에서 현지 고객들의 생활을 관찰하고 문화에 대해 연구하는 노력이 필요하다. 현지 직원에게 물어봐서 얻는 정보들은 자칫 편향되거나 중요한 부분을 놓치는 경우가 발생할 수 있다.

제4절 관점전환과 비즈니스

1 관점전환과 비즈니스

관점의 전환이란 보는 시각을 다양화 한다는 뜻으로 어떤 사물, 현상, 생각을 놓고 360도 돌면서 바라보는 것을 말한다. 이는 프레이밍 효과(framing effect)라고 한다. 즉, 똑같은 상황이나 사물을 어떤 시각으로 보느냐에 따라 해석이 달라지는 효과를 말한다. 아이폰은 다른 브랜드의 폰과 기능적으로 크게 다르지 않으나, 스티브잡스는 그냥 다르게 생각하고 다르게 말했을 뿐이다. 남들처럼 똑같이 말하지 않고 단지 다르게 말하고 다르게 행동하여 오늘날 애플을 존재하게 하는 힘이 되었다.

다음은 관점을 전환하여 위기를 벗어난 사례들이다.

1) 삼진어묵

삼진어묵은 값싸고 비위생적이라는 인식으로 사양화되고 있는 반찬용 어묵을 빵집 판매방식을 어묵에 접목하여 간식용 어묵으로 관점을 전환하여 어묵시장을 활성화시켰다. 이는 "무엇"을 파는지보다 "어떻게" 파는지가 더 중요하다는 교훈을 주었다.

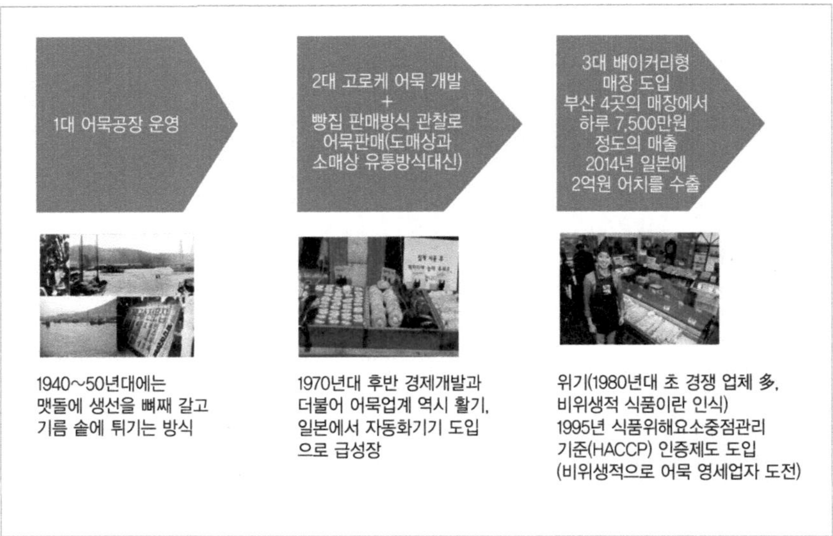

[그림 7-8] 삼진어묵 관점전환

2) 리바이 스트라우스의 관점전환

19세기 후반, 모두가 황금 노다지를 찾아 미국 서부로 달려가던 시절이 있었다. 한두 해 사이에 갑자기 30만 명이 몰려들었다. 1850년 샌프란시스코로 몰려든 인파 중에 리바이 스트라우스(Levi Strauss)는 많은 사람들이 금광을 채굴하는데 몰두할 때 광부들이 해진 옷을 깁고 있는 모습을 보면서 질긴 천막 천으로 옷을 만들면 어떨까라고 사람들과 다른 관점으로 청바지를 만들었다. 천막용 천으로 만든 바지는 질긴 옷을 원하던 광부들의 구미에 딱 들어 맞았고, 인디언의 전통 푸른색 물감으로 물들여 청바지가 탄생한 것이다.

[그림 7-9] 리바이 스트라우스의 관점전환

3) 아오모리현 합격사과

1991년 사과수확을 앞둔 일본 아오모리현에 갑자기 태풍이 불어 사과의 90%가 땅에 떨어졌다. 상품가치가 있는 사과는 겨우 10% 남짓하여 망연자실 할 수밖에 없는 현실에서 한 청년은 거센 태풍을 이겨내고 모질게 매달려 있는 10%의 사과를 보고, “이 사과는 거센 비바람과 태풍에도 떨어지지 않는 행운의 사과다.” 10%의 사과에 ‘기록적인 태풍에도 떨어지지 않은 대단한 사과’라며 ‘대입합격사과’라는 이름을 붙였다. 10배나 높은 값을 매겼음에도 불구하고 순식간에 다 팔렸다.

아오모리현의 “합격사과”

[그림 7-10] 아오모리현의 관점전환

4) 드라이브 스루 코로나 검사

코로나19 '자동차 이동형(이하 '드라이브 스루 Drive Thru')'은 맥도널드 및 스탁벅스 등에서 빠른 서비스제공을 위해 시행하던 드라이브 스루를 도입하여 선별진료소에서 검사 대상자가 자동차에서 내리지 않고 창문으로 문진, 발열 체크, 검체 채취를 시행할 수 있는 방법이다. 이후 도서관, 수박판매 등 많은 분야에서 응용되었다.

드라이브스루란 주차하지 않고도 손님이 상품을 사들이도록 하는 사업적인 서비스의 개념을 코로나19의 검사 방법으로 관점을 전환하여 국내뿐만 아니라 해외에서도 널리 이용되었다.

[그림 7-11] 코로나19 검사방법의 관점전환

2 관점전환과 문화

21세기는 문화의 시대이다. 문화의 경계선이 없어지고 산업화가 불가능한 분야로만 여겨졌던 문화가 이제는 국가 경쟁 원동력의 핵심 분야로 인정받고 있다. 소프트 파워라는 개념을 도입한 하버드 교수 Joseph Nye는 2009년 한국이 소프트 파워의 제국으로 거듭나기 위한 "필요한 자원"을 갖고 있다고 언급하였다. 디지털 전환시대의 경쟁력은 소프트웨어에 있다. 한국의 유구하고 역동적인 역사, 뛰어난 융합능력, 흥을 즐길 줄 아는 우리 문화는 무궁무진한 콘텐츠 소재를 제공할 수 있다.

2020년대에 들어서면서 음악, 영화, 드라마, 웹툰 등 한국의 컨텐츠들이 세계인에게 호응을 받으면서 소프트웨어가 세계에 영향력을 행사할 수 있었던 것도 좋은 소재가 있었기 때문이다. 한국문화의 우수성으로 인해 세계인들이 과거에는 소홀히 대했던 동아시아 문화에 대한 관심이 증대한 것으로 미루어볼 때 국가의 문화력이 국제사회에서 국력의 새로운 상징이 되었다는 인식을 할 필요가 있다.

문화를 통해 형성된 긍정적인 국가 이미지는 그 나라 상품과 서비스의 가치를 높인다. 문화강국은 다양한 문화를 포용한다는 특성을 가진다. 따라서 전통문화 유산과 현대문화가 두루 녹아있는 우리나라는 문화강국이 되기 위한 최상의 조건을 갖추고 있다. 이민자의 나라인 미국이 세계 최강국이 된 기반은 다문화 사회가 토양이 되었듯이 문화적 다양성에 대한 이해와 다양한 문화 간 활발한 교류가 전제돼야 한다.

다른 사회의 문화를 이해한다는 것은 다른 사람들을 이해하는 것이며, 이는 곧 기업들이 고객의 욕구를 파악하여 감성적으로 접근하기 위해서는 '문화는 상품이다'라고 문화에 대한 관점을 전환하여야 한다. 인류는 역사 속에서 자연스럽고 끊임없이 생산되는 문화 자본들을 재료로서 활용해 지식기반 기술이라는 방법을 통해서 문화 콘텐츠를 생산하는 것이 높은 부가가치를 창출할 수 있다. 문화를 활용하여 다양하고도 새로운 아이디어를 가진 콘텐츠 개발과 사용자들에 대한 이해를 바탕으로 문화에 대한 다각적인 접근이 매우 필요한 시대가 되었다.

생각나눔

여러분이 만약 중남미에서 의류사업을 한다면 어떻게 성공할 것인가?

참고자료

LG경제연구소, 상품이 아닌 문화를 팔아라, 2004.
강우진 외 4인 공저(2012). 『글로벌비즈니스매너의 이해와 활용』. 형설출판사
김세웅(2014). 「글로벌시대의 이해와 글로벌 에티켓」. 강의안.
김혜영 · 양승훈 · 한동철(2014). 『호텔서비스』. 이프레스.
노현수(2013). 『국제비즈니스 커뮤니케이션』. 탑북스.
동아일보(2010.8.23.). 인도주가드.
동아비즈니스리뷰(2012.5). India Strategy. 1권. 동아일보사.
동아비즈니스리뷰(2013, 6월호, 2권). Muslim Market. 동아일보사.
동아비즈니스리뷰(2013, 6월호, 2권). 역발상과 마오쩌뚱 전략으로 중 최대 음료거부 되다. 동아일보사.
동아비즈니스리뷰(2012, 8월호, 1권). 세상은 한 사람의 천하가 아니다. 동아일보사.
동아비즈니스리뷰(2013, 6월호, 1권). IKEA, 무료커피정책이 부른 中 진상고객, 공간 분리로 해결하다. 동아일보사.
매일경제(2011.12.23.). 가구공룡, 이케아 한국상륙, 中 성공 잇나.
박영렬(1996). "LG전자의 국제화". 「연세경영연구」, 33(2).
박지원(2016), 조직 내 개인주의 피하기보다 꽃피울 대상, LG경제연구소.
현용외(2022), 한류 및 한류관광 협력 활성화 방안 연구, 한국관광공사,
성현선 · 정지선(2012). 『국제비즈니스매너: 이문화커뮤니케이션』. 새로미.
손대현(2008).『한국문화의 매력과 관광이해』. 일신사.
손대현(2004). "한류의 코리아브랜드마케팅". 「관광과엔터테인먼트」, 2, 7-17.
이상훈(2012). 『카페베네 1등 성공신화』. 머니플러스.
이지홍 · 김민희(2014.2.19). 「K-Pop과 드라마 검색데이터로 본 한류의 현주소」. LGERI리포트.

올슨, M 외.(1999). 『호텔레스토랑산업의 경영전략』. (김경환 역). 백산출판사.
윌리엄스, J.(2010). 『아랍에서 비즈니스 할 때 꼭 알아야 할 것들』. (안의정 역). 미래사

장희정(2010). 『지구촌엔터테인먼트문화비교』. 형설출판사.
전종근, 한류의 경제적 효과와 시사점, SEOUL ECONOMIC BULLETIN
(https://www.si.re.kr/sites/default/files/2016%209%20issue02.pdf)
채지영(2020), "한류 20년, 성과와 미래전략"
한겨레(2010), 21세기 디지털 시대 '문화 콘텐츠 산업'이 경쟁력이다
한국국제문화교류진흥원(2021.5), 2021 한류 파급효과 연구,
한국국제문화교류진흥원(2022.2.14.), 2022 해외한류실태조사.
한국국제문화교류진흥원(KOFICE)(2022.9), '2022 글로벌 한류 트렌드'.
현대경제연구소(2014.8), 한류의 경제적 파급효과 분석과 시사점 , 경제주평, 22.
호텔과레스토랑(2013), 비즈니스 관광객이 강세, 동양적인 서비스로 고객만족 실현.
홍하상(2009). 『아킨도, 상인중의 상인』. 바우하우스.
홍하상(2008). 『오사카 상인들』. 효형출판.
주간경향(2014. 2). 나를 찾는 길을 찾아 명상여행,
http://weekly.khan.co.kr/khnm.html?mode=view&code=116&artid=201008252201431
https://snuac.snu.ac.kr/?p=32188
http://blog.naver.com/PostView.nhn?blogId=khrfbhr&logNo=150124717832&redirect=Dlog&widgetTypeCall=true
http://biz.chosun.com/site/data/html_dir/2014/07/23/2014072304401.html)

찾아보기

▮ 신군재

- 한양대학교 대학원 무역학과 졸업(경제학 박사)
- 전) 사단법인 대한상사중재원 근무
- 현) 신라대학교 항공물류학과 교수
  부산지방법원 조정위원
  대한상사중재원 중재인
  한국중재학회 부회장
  한국무역협회 이사

저자와의
협의하에
인지생략

글로벌 다문화이해

2023년 2월 28일 1판 1쇄 인쇄
2023년 3월 2일 1판 1쇄 발행

저 자 신 군 재
발행인 고 성 익

05027
발행처 서울특별시 광진구 아차산로 335 삼영빌딩
도서출판 三 英 社
등 록 1972년 4월 27일 제2013-21호
전 화 737-1052 · 734-8979 FAX 739-2386

정가 20,000원

ISBN 978-89-445-0566-9-93320